AF346824

DESCRIPTION

DE PARIS

ET

DE SES ÉDIFICES.

DE L'IMPRIMÉRIE DE P. DIDOT L'AÎNÉ,

CHEVALIER DE L'ORDRE ROYAL DE SAINT-MICHEL,

IMPRIMEUR DU ROI.

DESCRIPTION
DE PARIS
ET
DE SES ÉDIFICES,

AVEC UN PRÉCIS HISTORIQUE ET DES OBSERVATIONS SUR LE CARACTÈRE DE LEUR ARCHITECTURE, ET SUR LES PRINCIPAUX OBJETS D'ART ET DE CURIOSITÉ QU'ILS RENFERMENT;

Par J. G. LEGRAND, Architecte des Monuments publics, Membre et Secrétaire du Conseil des Bâtiments du département de la Seine, de plusieurs Sociétés savantes et littéraires;

Et par C. P. LANDON, Peintre, Correspondant de l'Institut, Auteur des Annales du Musée.

Ouvrage enrichi de cent vingt Planches, gravées et ombrées en taille-douce, avec un Plan exact de Paris et de ses embellissements.

SECONDE ÉDITION,

Corrigée avec soin dans toutes ses Parties, et considérablement augmentée; avec dix-huit Planches nouvelles.

TOME SECOND.

A PARIS,

Chez TREUTTEL et WÜRTZ, LIBRAIRES,

RUE DE BOURBON, N° 17.

A Strasbourg et a Londres, même maison de commerce.

1818.

DESCRIPTION DE PARIS.

TROISIÈME PARTIE.

PLACES, PONTS, MARCHÉS, ABATTOIRS, HOPITAUX, FONTAINES, ÉCOLES, ARCS DE TRIOMPHE, THÉATRES, ET AUTRES ÉDIFICES D'UTILITÉ PUBLIQUE.

Si les temples et les palais contribuent spécialement à la beauté d'une ville, ils ne la constituent peut-être pas aussi essentiellement que les autres monuments d'utilité publique qui, par leur nombre, et la variété de leur caractère architectural, donnent aux cités un aspect particulier.

La plupart des villes d'Italie offrent à la curiosité des voyageurs de beaux et nombreux édifices de luxe; mais Paris est la seule ville de l'Europe qui réunisse dans son enceinte une quantité aussi considérable de monuments utiles, et sous ce rapport Rome même ne saurait lui être comparée.

Outre les places, les ponts, les fontaines, les hôpitaux, les arcs de triomphe, les colonnes monumentales, les barrières, les théâtres, et tant d'autres édifices de ce genre qu'on remarque à Paris, il en est plusieurs qui ne se rencontrent que rarement dans les plus riches capitales. L'Hôtel des Invalides, l'École Militaire, l'Observatoire, l'École de Médecine et de Chirurgie, l'Hôtel des Monnaies, se distinguent autant par le but de leur institution que par le mérite de leur architecture. A ces magnifiques établissements, qui feront à jamais la gloire des siècles passés, se joignent aujourd'hui d'autres édifices non moins importants et non moins utiles : les halles, les marchés, les abattoirs, les greniers d'abondance ; ces édifices indispensables aux grandes cités, et dont aucune ville de l'Europe ne saurait peut-être produire un exemple, attesteront à la postérité la bienveillante sollicitude d'un gouvernement qui ne néglige rien de ce qui est utile.

Sans doute la véritable beauté d'un monument consiste dans la disposition générale de son plan, l'accord de ses différentes parties, et le caractère de ses façades, par rapport à l'objet auquel il est consacré ; mais il est un luxe indiscret qui, appliqué à toute sorte d'édifices, ne prouve que trop souvent la stérilité même du génie de l'architecte, car dans ceux qui comportent le moins la richesse de l'ornement, un homme habile sait tirer tous ses effets des plus simples combinaisons de lignes et de masses, sans avoir recours aux prestiges de la peinture ou de la sculpture : ce sera sous ce point de vue que seront considérés plusieurs des monuments qui composent cette troisième partie de notre travail, et nous nous acquitterons de cette tâche avec d'autant plus de plaisir, qu'elle doit nous fournir l'occasion de payer de justes tributs d'éloges à quelques artistes qui ont contribué à propager chez nous le goût de la bonne architecture.

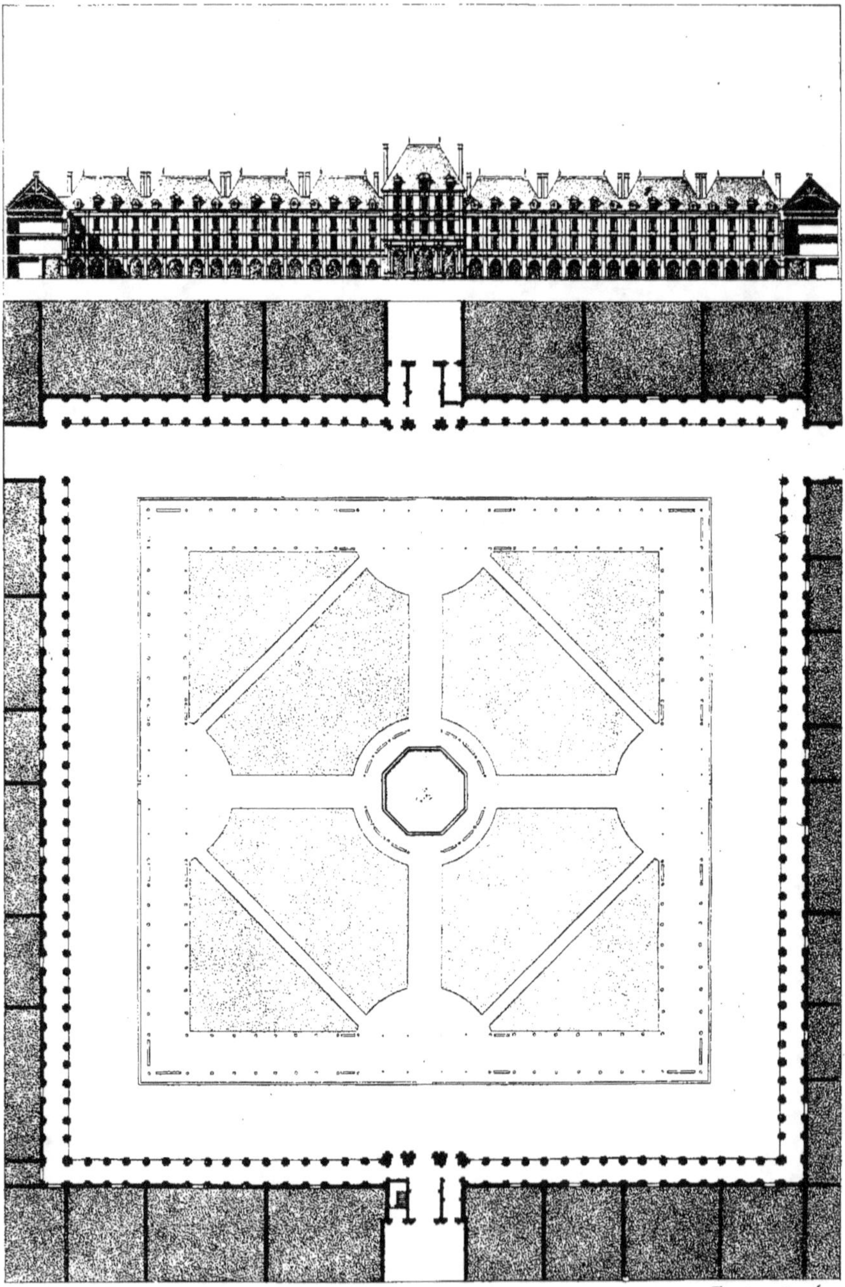

Place Royale.

PLACE ROYALE.

La place Royale a été bâtie sur une partie du terrain occupé par le célèbre palais des Tournelles, construit sous Charles V.

Henri II étant mort, en 1559, des suites de la blessure que lui fit le comte de Montgommery dans un tournoi qui eut lieu au palais des Tournelles, Catherine de Médicis, après ce funeste accident, ne voulut plus habiter ce palais, et le parlement eut même ordre, en 1565 et 1569, de le faire démolir et de le vendre en réservant plusieurs places et rues sur son emplacement. Mais on procéda si lentement à l'exécution de cet ordre, que cette démolition n'était pas achevée lorsque Henri IV parvint à la couronne. Ce fut dans ce qui restait alors du palais des Tournelles que ce monarque établit la première manufacture d'étoffes de soie d'or et d'argent qu'il y ait eu à Paris. Les entrepreneurs de ces manufactures s'y trouvant trop resserrés, firent élever en 1605 un grand bâtiment, en face du Marché aux chevaux qui se tenait alors dans une partie du parc des Tournelles. L'effet et la disposition de ce bâtiment plurent à Henri IV, et lui donnèrent l'idée de construire en ce lieu une place publique formée de bâtiments symétriques. L'un des quatre côtés, celui qui est parallèle à la rue S.-Antoine, fut bâti à ses dépens, et vendu ensuite à des particuliers. On donna l'emplacement des trois autres côtés pour un écu d'or de cens, à la charge par les preneurs d'y faire construire des pavillons semblables à ceux que le roi avait fait édifier, et il fut alors arrêté que cette place se nommerait la *Place Royale*. Son enceinte fut terminée en 1612, et, le 5 avril de cette même année, la reine Marie de Médicis y donna le spectacle d'un magnifique carrousel à l'occasion de la double alliance contractée entre la France et l'Espagne.

Cette place, depuis 1792, a porté plusieurs noms; celui de *Place des Vosges,* qu'elle garda long-temps, lui fut donné le 14 septembre 1800, en vertu d'un décret du 8 mars de cette même année, qui ordonnait que le département qui acquitterait le premier la majeure partie de ses contributions, donnerait son nom à l'une des plus grandes places de Paris. En 1814 elle a repris son premier nom de *Place Royale*.

La Place Royale offre un carré parfait de 72 toises de face; elle est régulière et d'une grande simplicité. Tous les pavillons qui la composent sont bâtis de pierre et de brique, et couverts séparément d'un comble à quatre pentes; à leur pied règne une galerie ouverte par des arcades, dont la voûte surbaissée est également en pierre et en brique. Du côté de la place, cette galerie est décorée d'un ordre de pilastres sans entablement ni corniche. Au-dessus de cet ordre s'élèvent deux rangs d'étages non compris les logements pratiqués dans les combles. Entre tous ces corps-de-logis se remarquent deux pavillons beaucoup plus élevés que les autres. Celui de la rue Royale s'appelait le pavillon du Roi, celui en face de la chaussée des Minimes, le pavillon de la Reine. Ils sont tous deux décorés de pilastres doriques, couronnés d'un entablement composé, au-dessus duquel s'élève également deux étages surmontés d'un grand comble qui domine sur tous les autres combles de la place.

Il y a près d'un siècle que Germain Brice a observé que l'un des points de vue de la place était bouché par la construction d'un escalier fait après coup sous le pavillon de la rue Royale, et pour le faible intérêt d'un particulier. Quoique le systême d'administration pour les embellissements de Paris soit aujourd'hui bien différent, cet escalier subsiste toujours.

La statue équestre de Louis XIII s'élevait autrefois au centre de la place Royale. Ce monument, détruit en 1792, comme tous ceux de ce genre qui décoraient la capitale, mérite d'être regretté, non pour la figure du monarque, par Briard fils, dont le travail était assez médiocre; mais à cause du cheval, exécuté et fondu en bronze par *Daniel Ricciarelli*, dit Daniel de Volterre, dont on vantait la finesse, le mouvement, et la légèreté. Ce fut le cardinal de Richelieu qui, en 1639, fit transporter ce cheval en France. Il avait été fait pour une statue équestre de Henri II, commandée par Catherine de Médicis, et que la mort de Daniel de Volterre, arrivée en 1566, ne permit pas d'achever.

Ce fut en 1685, sous le règne de Louis XIV, que la place Royale a été resserrée par une grille de fer qui

forme une double enceinte, et laisse une large rue
qui en fait le tour. Elle coûta 35,000 francs, qui
furent payés par les propriétaires des trente-cinq
maisons qui composaient cette place (1).

Ces maisons étaient alors regardées comme les plus
grandes et les plus belles habitations de la ville. On
y distinguait les hôtels de Richelieu, de Guéméné,
de Rohan, et celui du baron de Breteuil, où l'on
voyait un beau plafond peint par Le Brun. Il s'en
faut de beaucoup que ce quartier soit aujourd'hui
aussi brillant. La plupart de ses habitations sont aban-
données, et servent même d'asile à la médiocrité.

La place Royale a été embellie, depuis quelques
années, par la plantation de deux rangs d'arbres. Au
milieu, est un vaste bassin, au centre duquel s'élève
une forte gerbe, semblable à celle du jardin du palais Royal, et alimentée de même par les eaux du canal de l'Ourcq. On se propose d'y réédifier la statue
équestre de Louis XIII, au centre d'un très grand bassin, qui sera commun à quatre fontaines disposées au
pourtour. Une semblable décoration, exécutée avec
art, est susceptible de produire un grand effet.

---

(1) On n'en compte plus aujourd'hui que trente-quatre. Celui
percé en arcades qui débouchaient sur la rue du Pas-de-la-Mule
vient d'être détruit, et forme une entrée à ciel ouvert, comme à
a rue de l'Écharpe. Les deux autres entrées de la place sont sous
les deux pavillons plus élevés.

Place des Victoires, côté de l'Hôtel de Toulouse.

PLACE DES VICTOIRES.

—

LE vicomte d'Aubusson, duc de La Feuillade, pair et maréchal de France, comblé des faveurs de Louis XIV, voulut laisser à la postérité un témoignage public de sa reconnaissance. Il fit faire d'abord une statue du Roi, en marbre, pour la placer dans un des endroits les plus fréquentés de la ville; mais, peu satisfait de ce moyen, qui ne remplissait qu'imparfaitement ses intentions, il résolut de consacrer à la gloire du monarque une place publique au centre de la capitale. Pour cet effet, il acheta, en 1684, l'hôtel de la Ferté-Senecterre. Cet emplacement s'étant trouvé insuffisant, la Ville, voulant partager avec le duc de La Feuillade la gloire d'une telle entreprise, fit l'acquisition de l'hôtel d'Émery et de plusieurs autres maisons et jardins qui s'étendaient le long de la rue du Petit-Reposoir et de la rue des Vieux-Augustins. La Ville traita, en 1685, avec le sieur Predot, architecte, pour la construction des bâtiments qui devaient environner la place, dont J. H. Mansard, architecte du Roi, fournit les dessins, et le duc de La Feuillade se chargea seul des dépenses relatives à l'érection du monument à Louis XIV.

Cette place n'a que 40 toises de diamètre. Une ligne droite de bâtiments symétriques la termine du côté de la rue des Fossés-Montmartre. Elle est circulaire dans tout le reste. Les bâtiments qui l'entourent dans cette partie sont décorés d'une ordonnance de pilastres ioniques élevés sur un soubassement composé d'arcades. Cette architecture n'est pas dépourvue de beautés; on regrette seulement qu'elle soit couronnée de ces combles avec ces croisées isolées qui défiguent la plupart des somptueux édifices du dix-septième siècle, et auxquels Mansard a eu le malheur de donner son nom. Malgré que toutes ces constructions n'aient été terminées qu'en 1691, dès 1685 le duc de La Feuillade avait fait faire par *Martin Van den Bogaërt*, dit Desjardins, sculpteur habile, né à Bréda, un modèle de la statue du Roi, des figures allégoriques, et autres accessoires, qui devaient composer le monument. Il fut jeté en bronze, sous la direction du même artiste, et l'on en fit l'inauguration en 1686 (1).

Sur un piédestal de marbre blanc veiné, de vingt-deux pieds de hauteur, s'élevait la statue pédestre de Louis XIV, revêtu des habits qu'il avait portés à la cérémonie de son sacre, et foulant aux pieds le chien Cerbère, qui faisait allusion à la triple alliance formée par les ennemis de la France. Derrière lui, la

---

(1) La statue en marbre, que le duc de La Feuillade avait fait faire primitivement, fut placée à l'orangerie de Versailles, où elle subsiste encore.

Victoire, montée sur un globe, lui plaçait d'une main la couronne sur la tête, et tenait de l'autre un faisceau de palmes et de branches d'olivier. Ce groupe avait treize pieds de hauteur, et était entièrement doré. Sur les quatre corps avancés du soubassement étaient quatre figures d'esclaves enchaînés, et environnés d'armes et autres attributs des nations vaincues. On voyait sur chacune des quatre faces du piédéstal et du soubassement un bas-relief représentant quelqu'une des actions glorieuses de Louis XIV : le tout était accompagné d'inscriptions.

La capitale fut ornée alors, pour la première fois, d'un ouvrage en bronze qui eût un volume aussi considérable. La statue du Roi et celle de la Victoire avaient été fondues d'un seul jet, et l'on mettait justement alors ce monument au rang des chefs-d'œuvre de l'art; du moins aucunes des sculptures monumentales qui l'avaient précédé ne pouvaient lui être comparées sous le rapport de la composition. L'attitude du Monarque était pleine de majesté, et le groupe entier pyramidait avec une rare élégance. Quoique les esclaves mis à ses pieds fussent infiniment plus forts que nature, l'œil n'en était point blessé, parcequ'il y avait un rapport exact entre ces figures et tous les accessoires qui accompagnaient la statue du héros: le faire d'ailleurs en était savant et gracieux, comme dans tout le reste de ce magnifique monument. Il fut placé dans une enceinte pavée en marbre et entourée d'une grille de fer.

Le duc de La Feuillade, pour achever d'embellir

cette place, y avait fait ériger quatre grands fanaux ornés de sculpture, pour éclairer cette place pendant la nuit. Ils étaient élevés chacun sur trois colonnes d'ordre dorique en marbre, disposées en triangle par leur plan, et entre lesquelles étaient suspendus par des guirlandes de feuilles de chêne et de laurier, des médaillons de bronze. Ils représentaient, en bas-relief, divers événements de la vie du Roi, avec des inscriptions.

Enfin on donna à cette place le nom de *Place des Victoires,* qu'elle porte encore.

Mais, quelques soins que l'homme prenne pour éterniser ses travaux, ils ne seront jamais à l'abri des ravages du temps, et des événements imprévus qu'il amène. Toutes les précautions prises par le duc de La Feuillade pour transmettre à la postérité la plus reculée ce témoignage de sa gratitude envers son bienfaiteur et son Roi, n'ont pas empêché que le superbe monument qu'il lui avait consacré n'ait été détruit bien avant l'époque d'un dépérissement naturel.

Les rues et places de Paris ayant été éclairées par des reverbères, il fut ordonné, par arrêt du conseil du 20 avril 1699, que les quatre fanaux ne seraient plus allumés. Par un autre arrêt du 23 octobre 1717, ces fanaux furent démolis : enfin, en septembre 1792, le monument en son entier disparut, comme tant d'autres chefs-d'œuvre de l'art que la révolution de France a engloutis. Le groupe fut brisé et fondu. On ne conserva que les quatre figures des esclaves enchaînés, placés sur les quatre corps avancés du soubassement, et les quatre bas-reliefs du piédestal (1).

Cette place étant restée quelque temps sans monument, on y éleva, sur l'ancien piédestal de la statue
de Louis XIV, le modèle d'un obélisque à la gloire
des armées; il n'eut pas son exécution, et fut détruit
quelque temps après, ainsi que le piédestal, sous lequel
il ne s'est trouvé aucune médaille, aucune pièce de
monnaie ni inscription qui pût indiquer l'objet du
monument et l'époque à laquelle il avait été placé.

Vers ce temps, on éleva au même endroit le modèle
d'un autre monument à la gloire des généraux Desaix
et Kléber, morts le même jour, à la même heure,
l'un à la bataille de Marengo, l'autre assassiné en
Égypte après la bataille d'Héliopolis.

Ce modèle, qui fut construit en charpente et en
toile, représentait un temple égyptien : il renfermait
un cippe portant les bustes des deux généraux et une
tribune pour un orateur. Il était décoré de quatre
colonnes formant péristyle ouvert sur chacune de ses
deux grandes faces, et chargé sur toutes les quatre
de caractères hyéroglyphiques. M. Chalgrin, architecte, avait donné les dessins de ce monument. Il
ne reçut pas son exécution, malgré que la première
pierre en ait été posée le 27 septembre 1800.

A ce modèle, succéda une statue en bronze du

---

(1) Les quatre figures d'esclaves ornent aujourd'hui la grande
cour des Invalides. Les bas-reliefs ont été adaptés au soubassement d'une colonne triomphale qui orne le jardin du Musée des
monuments français.

général Desaix, de 18 pieds de proportion, qui fut fondue en 1808 sur le modèle exécuté par M. Dejoux. La fonte ayant mal réussi, et la statue menaçant une ruine prochaine, en 1815 on la descendit du piédestal sur lequel elle était placée.

Cette figure, quoique assez belle, convenait peu à une place publique. Un guerrier français, représenté nu et n'ayant qu'un manteau jeté sur ses épaules, offrait un anachronisme de costume, blâmé même par le vulgaire, qui ne voulait voir dans cette statue qu'un soldat de l'ancienne Rome, et non un général français du dix-neuvième siècle.

On s'occupe en ce moment de la réédification de la statue de Louis XIV. Les figures d'esclaves et les bas-reliefs en bronze qui ornaient le piédestal de celle détruite en 1792, doivent être employés dans la décoration de ce nouveau monument.

La place des Victoires pourrait paraître aujourd'hui peu propre à recevoir un monument; elle est très petite et très fréquentée. Depuis le règne de Louis XIV la population et le nombre des voitures se sont considérablement augmentés, sur-tout dans ce quartier, où le passage est devenu dangereux.

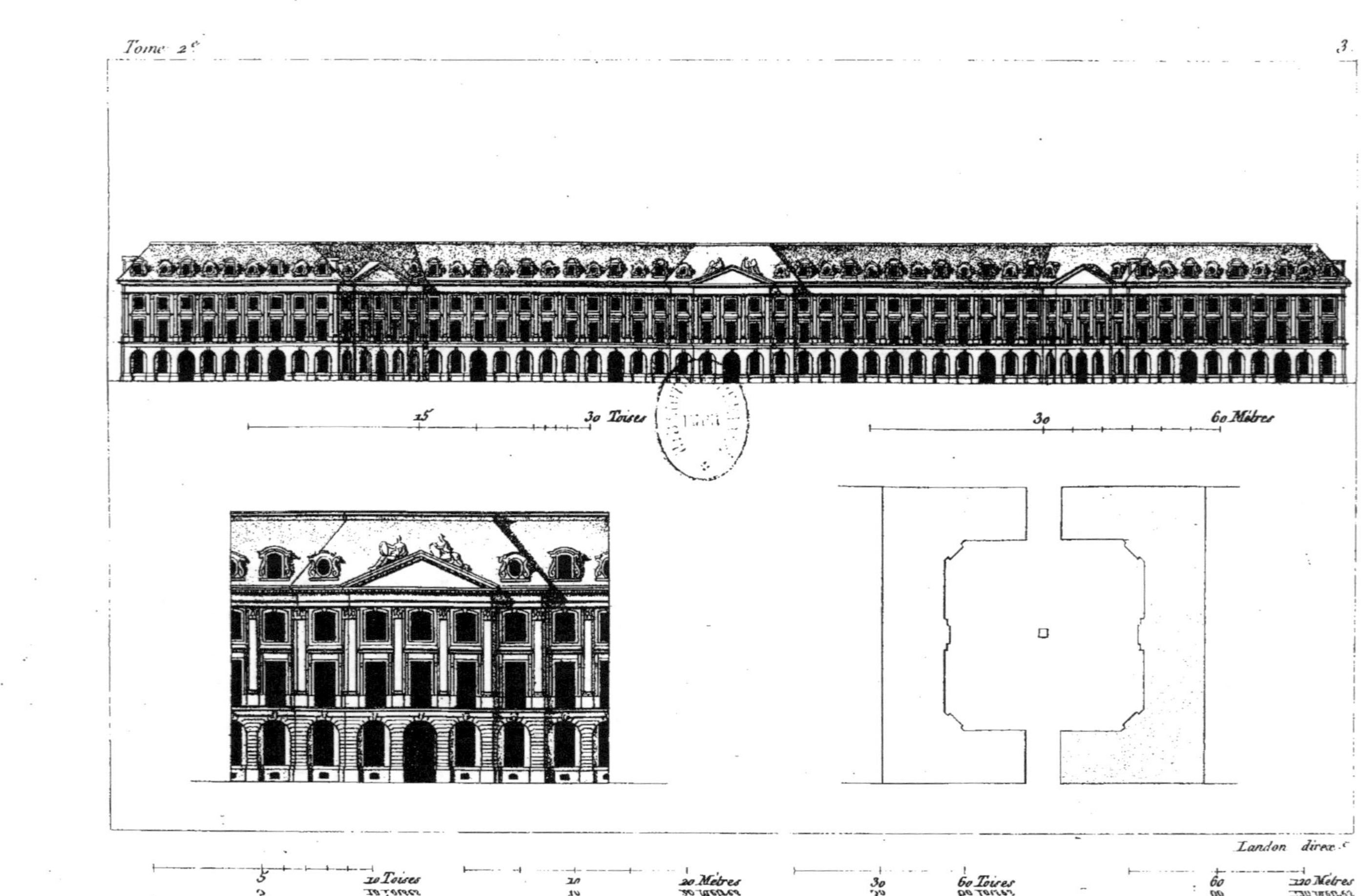

15   30 Toises
30   60 Mètres
Landon direx.ᵗ
5   10 Toises
10   20 Mètres
30   60 Toises
60   120 Mètres

PLACE VENDOME.

LE nom que porte cette place lui vient originairement de César de Vendôme, fils légitimé de Henri IV
et de Gabriel d'Estrées, qui possédait dans ce quartier un hôtel, connu précédemment sous le nom de
Mercœur, et qui occupait dix-huit arpents de terrain.

Le marquis de Louvois, ministre et surintendant
des bâtiments sous le règne de Louis XIV, voulant
ouvrir une communication qui devenait nécessaire
entre la rue Saint-Honoré et la rue des Petits-Champs,
conçut le projet de former une place en cet endroit,
et d'y élever des édifices propres à recevoir de grands
établissements.

Ce projet fut adopté par le Roi, qui fit acheter en
1685 l'hôtel de Vendôme, moyennant 660,000 livres,
et en 1687 tous les bâtiments qui le composaient
furent démolis. Le couvent des Capucins, qui gênait
ce grand plan, fut aussi abattu, et rebâti plus loin.

Cette place avait soixante-dix-huit toises de largeur, sur quatre-vingt-six de profondeur; elle était
environnée de trois côtés seulement de bâtiments uni-
formes, qui offraient une galerie couverte, percée par
des arcades. Le côté gauche, par la rue Saint-Honoré,
était réservé pour la bibliothèque royale, qui devait
avoir quatre-vingts toises de longueur. Le côté opposé

La statue équestre de Louis XIV fut élevée au milieu de la place, le 13 août 1699, par le duc de Gesvres, gouverneur de Paris, avec une pompe qui n'avait point encore eu d'exemple en pareille occasion.

Ce superbe morceau, de vingt pieds de hauteur, dont le modèle est de Girardon, qui en dirigea tous les travaux, fut jeté en bronze le 1er décembre 1692, par J. Baltazar Keller, le plus habile fondeur de ce temps. On n'avait point jusqu'alors tenté de fondre en une seule pièce un ouvrage de cette grandeur; l'opération eut un succès complet : soixante-dix milliers pesant de matière y furent employés.

Ce monument colossal fut posé sur un piédestal de marbre blanc, de trente pieds de haut sur vingt-quatre de long, et treize de large, orné de cartels, de bas-reliefs et de trophées en bronze doré, sculptés par Coustou. Sur ses quatre faces étaient des inscriptions latines, composées par l'académie des inscriptions et belles-lettres, relatives aux grandes actions du monarque, et exprimant particulièrement la reconnaissance de la ville de Paris pour les bienfaits dont il l'avait comblé.

Cette statue, détruite en 1792, est remplacée par une colonne triomphale en bronze, dont nous donnons l'élévation, planche 33 de ce volume.

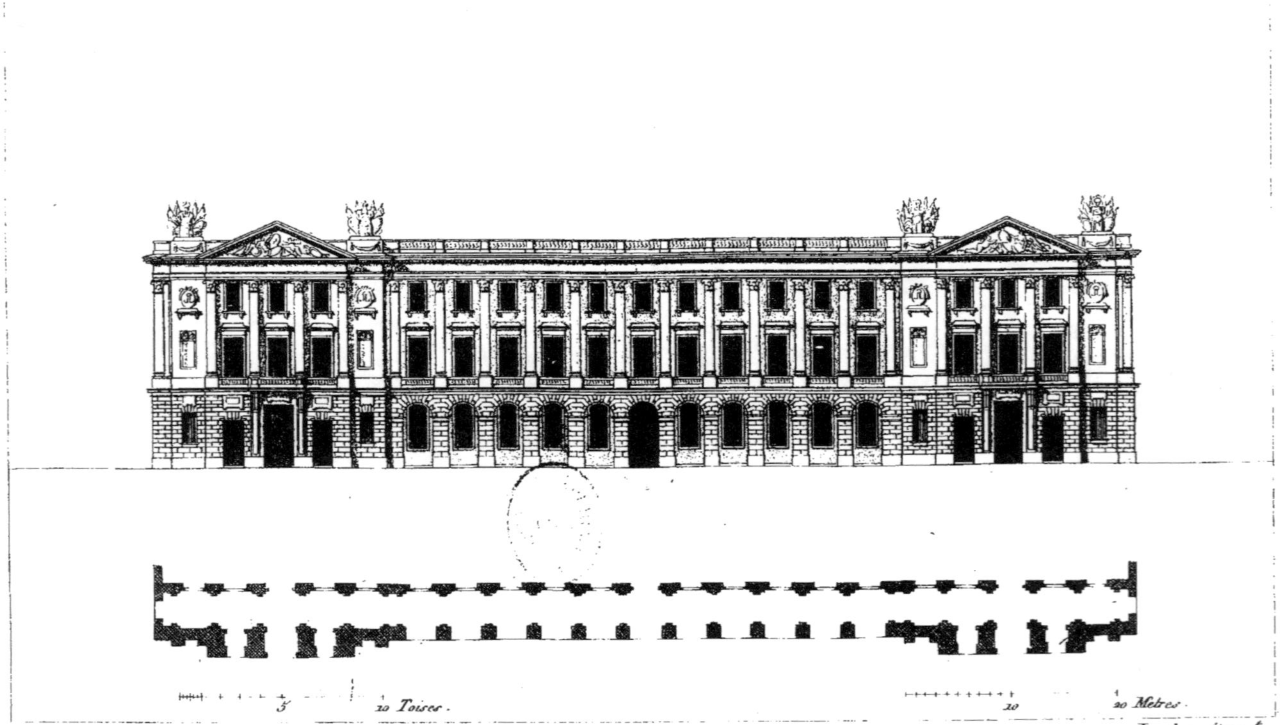

Plan et élévation de la Place Louis XV.

PLACE LOUIS XV.

CETTE place, considérée sous le rapport de l'architecture monumentale, et comparée à celles dont nous
avons déja parlé, est peut-être moins une place proprement dite, qu'un vaste emplacement, qui sépare
d'un sens le jardin des Tuileries de la promenade des
Champs-Élysées, et de l'autre sens le faubourg Saint-
Honoré du faubourg Saint-Germain. Lorsqu'il a été
question (tome Ier, page 233) de l'ensemble des abords
du château des Tuileries, nous avons vanté la disposition générale de cette place, il nous reste ici à en
donner l'historique et la description.

Dès l'année 1748, la ville de Paris ayant décidé de
faire élever une statue équestre à Louis XV, et l'esplanade entourée de fossés qui séparait alors les
Champs-Élysées du jardin des Tuileries, lui ayant
paru un lieu convenable pour l'édification de ce monument, elle chargea Gabriel, architecte du Roi, de
lui faire des dessins pour rendre cet emplacement
digne de recevoir la statue du monarque. Ce projet fut
soumis à l'agrément du Roi, qui permit son exécution
par des lettres patentes du 21 juillet 1757, et fit don
du terrain. Cependant, dès le 22 avril 1754, la première pierre du monument à Louis XV avait été posée,

ainsi que le prouvent les médailles trouvées le 14 juillet 1800, lorsqu'on posa les fondations d'une colonne départementale, dont nous parlerons, à la place qu'il avait occupée (1).

Commencée en 1763, la place Louis XV ne fut achevée qu'en 1772. Elle a 125 toises de long sur 87 de large entre les constructions intérieures, et forme un octogone, dont les pans-coupés, de 22 toises de long, sont terminés à leurs extrémités par des guérites ou gros socles ornés de frontons, et surmontés d'un acrotère destiné à recevoir des statues qui n'ont point été exécutées. Deux de ces pans-coupés, du côté des Champs-Élysées, sont ouverts diagonalement par deux routes; du même côté sont aussi quatre pavillons, décorés de bossages à l'usage des fontainiers, gardes et portiers des Champs-Élysées et du Cours de la Reine. Toute cette enceinte est formée de fossés de 12 toises de large sur 14 pieds de profondeur, solidement murés, ornés de refends, et couronnés d'une balustrade de pierre. Ces fossés communiquent entre eux par des ponts de pierre avec archivolte, et le long des balustrades règne un trottoir élevé de quelques marches.

C'est au centre de cette vaste place que fut élevée la statue de Louis XV. Elle avait 14 pieds de propor-

---

(1) Les objets trouvés dans les anciennes fondations étaient une médaille d'or et six d'argent, à la date de 1754, plus une plaque de cuivre, sur laquelle étaient gravés les noms du prévôt-des-marchands et des autres officiers du corps de ville.

tion, et fut fondue d'un seul jet, en 1760, sur le modèle exécuté par E. Bouchardon. Le monarque y était représenté à cheval, en costume romain et couronné de lauriers. Cette figure ne manquait pas d'élégance, mais on y trouvait peu de style, et sur-tout de ce caractère héroïque qui fait le principal mérite des monuments de ce genre. Bouchardon, qui avait travaillé douze ans à cette statue, qu'il regardait comme son chef-d'œuvre, n'eut pas la satisfaction de la voir en place. Il mourut en 1761, et sa statue ne fut exposée qu'en 1763. Aux quatre angles du piédestal étaient placées quatre figures en bronze, par Pigale, représentant la Force, la Paix, la Prudence, et la Justice. Du côté du jardin des Tuileries et des Champs-Élysées, des tables de marbre, chargées d'inscriptions, ornaient les faces du piédestal. Sur les deux autres faces étaient deux bas-reliefs de 7 pieds et demi de long sur 5 pieds de haut; l'un représentait le Roi dans un quadrige, couronné par la Victoire et conduit par la Renommée; l'autre, le même prince assis sur un trophée et donnant la paix à ses peuples. Sur le socle étaient placés deux grands trophées, également jetés en bronze. Une magnifique balustrade de marbre blanc entourait ce monument.

Sur le côté de la place qui fait face à la rivière, sont construits deux grands corps de bâtiment, chacun de 48 toises de face, séparés par une rue de 15 toises de largeur, appelée rue Royale, et terminés par la rue Saint-Florentin et celle des Champs-Élysées. Leurs façades sont richement décorées, d'une ordon-

nance d'architecture corinthienne de onze entrecolonnements formant galerie en avant du mur de face, aux
extrémités de laquelle sont deux pavillons saillants
couronnés de frontons et d'une balustrade : cet ordre
est élevé sur un soubassement de onze arcades formant
également, au rez-de-chaussée, une galerie qui se prolonge derrière les pavillons. Ces pavillons sont ornés de
niches, médaillons, de consoles, et de trophées d'armes. Les tympans des frontons sont sculptés en bas-
relief ; le soubassement est enrichi de tables de refend.
Gabriel, architecte du Roi, avait donné les dessins de
cet édifice, qui fut exécuté sous la conduite particulière de Potain, également architecte du Roi.

Comme nous l'avons dit, l'objet principal de ces
deux monuments avait été de terminer ce côté de la
place par une architecture pittoresque et somptueuse.
On voit évidemment, dans la disposition des colonnades qui en occupent la partie supérieure, que l'architecte a eu l'intention de rivaliser avec celles que
Perrault a élevées à l'entrée du Louvre. Mais tous les
connaisseurs conviennent que l'avantage est resté à
ce dernier. En voulant éviter ce qu'on a quelquefois
appelé un défaut dans l'ouvrage de Perrault, c'est-à-
dire l'accouplement des colonnes, M. Gabriel a fait
voir qu'il y a dans l'architecture un beau relatif, indé-
pendant de toutes règles, que ce qui est défaut selon
celles-ci, peut produire des beautés supérieures à ce
genre de mérite, qui ne résulte que de l'absence des
défauts. Au reste, l'exemple des colonnades de Gabriel serait peut-être mal choisi pour décider la ques-

tion de l'accouplement, dans une composition du genre de celles dont il s'agit, et où les colonnes mises, si l'on peut dire, en spectacle, et destinées à être vues d'un point fixe, ne produisent pas le mauvais effet qui résulte de la gémination des supports, lorsque leurs points de vue sont très variables. M. Gabriel aurait peut-être réussi à faire condamner Perrault, s'il eût donné à ses ordonnances plus de gravité, moins de maigreur aux colonnes, moins de largeur aux entrecolonnements, plus de caractère aux profils et aux objets de décoration, et s'il eût fait choix d'un plus heureux soubassement. Du reste, cette architecture a de l'éclat, de la magnificence, et offre le riche point de vue qu'on s'était proposé.

Le corps de bâtiment le plus près des Tuileries était employé au garde-meuble de la couronne, et renfermait une immense quantité d'objets précieux. Il est maintenant occupé par le ministre de la marine et des colonies.

Après la destruction de la statue de Louis XV, en 1792, on plaça sur les ruines du piédestal une figure assise, qui, sous le rapport de l'art, ne manquait pas de mérite. Elle fut anéantie dès que cessa l'effervescence révolutionnaire qui l'avait fait naître. Depuis la déplorable journée du 21 janvier 1793 jusque vers 1800 la place Louis XV fut appelée de *la Révolution*, et ensuite de *la Concorde*. En 1814; elle a repris son premier nom.

Le 14 juillet 1800, à la place de la statue, fut posée la première pierre d'une colonne nationale à la gloire des armées françaises, en exécution d'un arrêté du 20 mars de la même année qui ordonnait que la première pierre d'un semblable monument serait posée, le même jour et au même instant, dans chaque département. Mais, afin de mieux juger de l'effet que produirait ce monument, on eut le bon esprit d'en construire, sur l'emplacement même qu'il devoit occuper, le modèle en charpente, recouverte en toile et en carton, de 167 pieds d'élévation; cet essai suffit pour faire renoncer à l'exécution. Pourquoi, lorsqu'il est question de bâtir des édifices qui doivent faire époque dans l'histoire de l'Art, n'imiteroit-on pas un pareil exemple? Que de temps on gagnerait, que de changements dispendieux on éviterait! Tous les doutes seraient levés, toutes les incertitudes et toutes les contrariétés prévenues, et l'artiste aurait au moins cet avantage inappréciable de recueillir l'opinion publique et de pouvoir sur-tout se juger lui-même avant de léguer un grand ouvrage à la postérité.

Les médailles, les monnaies, les planches gravées, qui ont été déposées dans les fondations de cette colonne, n'ont pas été enlevées avec le modèle; il n'est pas douteux que, lorsqu'on mettra à exécution l'ordonnance du Roi du 10 janvier 1816, qui ordonne la réédification de la statue équestre de Louis XV, on supprimera ces faux témoignages de l'existence d'un monument qui n'a point eu son exécution.

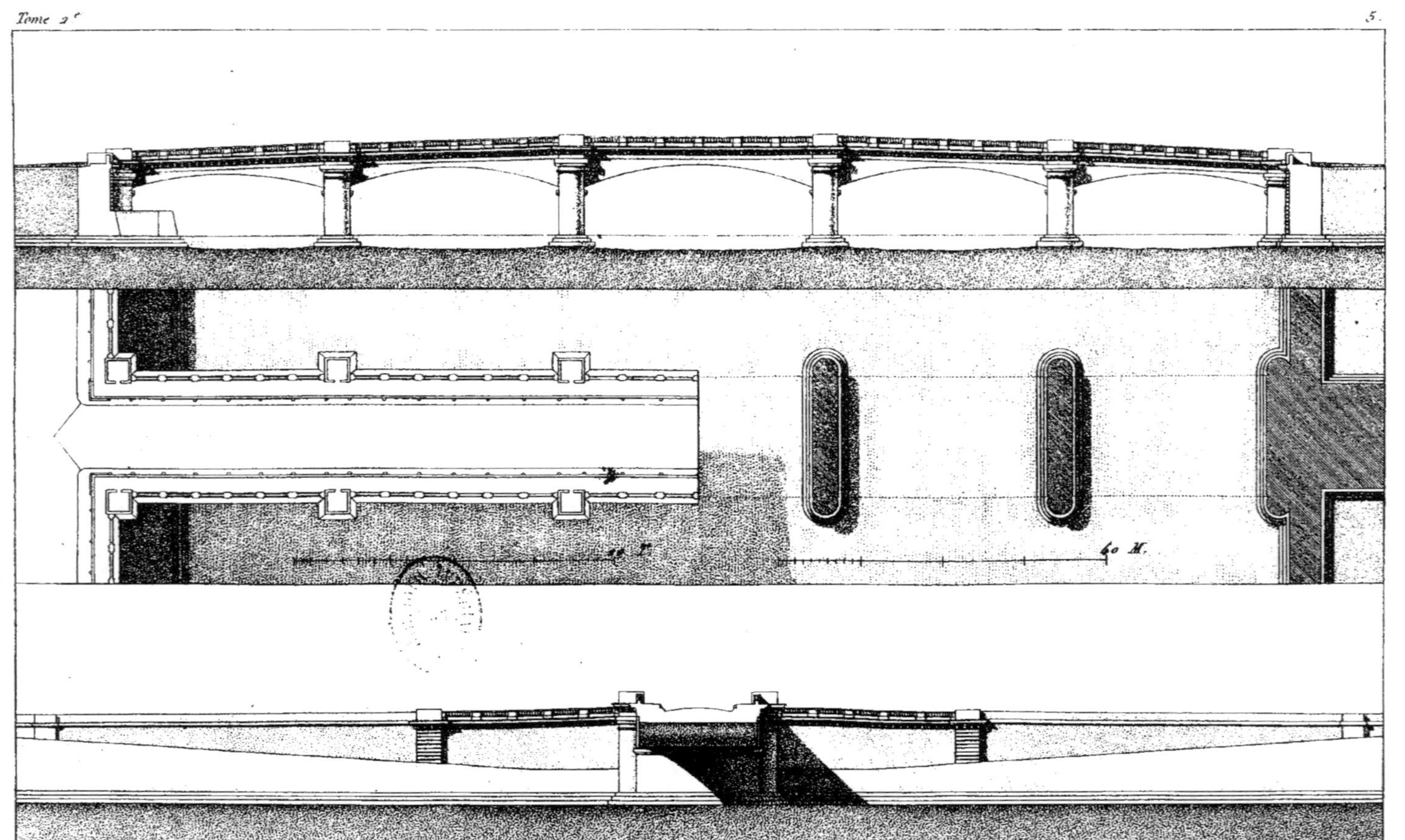

Tome 2.e
5.
40 M.

PONT LOUIS XVI.

LES faubourgs S.-Germain et S.-Honoré, qui se meublèrent, sous le règne de Louis XV, d'une prodigieuse quantité d'hôtels et de maisons magnifiques, ne communiquaient encore entre eux, en 1786, que par un bac établi vis-à-vis les Invalides, et par le Pont Royal, lorsque Louis XVI ordonna la construction du pont en pierre qui lie aujourd'hui ces deux faubourgs du côté de la place Louis XV.

Dès l'année suivante, 1787, sur les 30 millions d'un emprunt destiné aux embellissements de Paris, un million 200 mille francs furent affectés aux frais des premières constructions de ce pont, dont le total du devis s'élevait à 2 millions 200 mille francs. Ce monument, commencé aussitôt, fut terminé dans l'espace de trois années. On l'appela d'abord le *Pont Louis XVI*, parcequ'il fut construit sous ce prince. Depuis 1793 jusqu'à ce jour, il a porté successivement tous les noms qui furent donnés à la place Louis XV.

Le pont Louis XVI est composé de cinq arches, qui diminuent progressivement de grandeur; l'arche du milieu a 96 pieds d'ouverture; les deux qui lui sont collatérales, 87 pieds, et les deux qui touchent aux culées, 78 pieds.

Les voûtes sont faites en portion d'arc de cercle, décrits avec des rayons, qui ont, pour les deux arches près des culées, 129 pieds 9 pouces, la corde, 78 pieds (longueur pareille à l'ouverture de l'arche), et la flèche 6 pieds ; pour les deux qui suivent 119 pieds 8 pouces 4 lignes, la flèche 8 pieds 2 pouces 2 lignes ; et pour celle du milieu 129 pieds 8 pouces 6 lignes ; la flèche, 9 pieds 2 pouces 6 lignes. Leurs naissances sont toutes établies de niveau à 18 pieds au-dessus des plus basses eaux, et partent du dessus d'un corps carré de 3 pouces placé sur les impostes.

Les piles qui s'élèvent en ligne droite n'ont que 9 pieds d'épaisseur, et présentent à l'avant-bec comme à l'arrière-bec des colonnes tronquées, engagées d'un quart de leur diamètre dans le corps des piles. Elles sont surmontées d'un chapiteau ; au-dessus est un court architrave sur lequel règne la corniche dont tout le pont est couronné.

Les parapets, formés par des balustres, en tout semblables à ceux de la place Louis XV, sont interrompus au-dessus des piles et des culées par des socles carrés destinés à recevoir des statues.

On retrouve au pont Louis XVI ce caractère d'élégance et de légèreté que Perronet a su donner à presque tous ses ponts ; ceux de Mantes, de Melun, de Sainte-Maxence, où il a cherché à rendre les piles très légères et les arches les plus étendues et les plus surbaissées possible, sont des modèles admirables.

Plusieurs ingénieurs de mérite avaient déja tenté, mais sans succès, de repoduire chez nous des ponts sur ce système. Perronet fut le premier qui sut se rendre compte de la force des pierres suivant leur qualité respective, et donner à ses culées une force suffisante pour résister à l'effrayante poussée de ces arcs surbaissés. Une multitude d'expérience qu'il fit à ce sujet, ainsi que tous les détails de construction des ponts qu'il construisit, ont été consignés dans son œuvre, et servent aujourd'hui de guide dans l'exécution de semblables travaux.

Il est incontestable qu'un pont ne peut être solide et durable lorsqu'on y multiplie, sans nécessité, le nombre ou le volume des piles, parceque dans les temps d'inondation elles présentent un obstacle au courant du fleuve qui peut causer leur ruine. Il serait cependant dangereux que la masse de ces piles ne fût pas assez forte pour opposer une résistance suffisante au poids dont elles sont continuellement pressées, et à l'accroissement de pesanteur que la vitesse des eaux, leur congellation ou leur crue subite apporte contre elles.

La substitution des arcs surbaissés aux arcs en plein cintre est également une innovation heureuse, puisque l'eau acquérant ainsi, même dans les fortes crues, un passage toujours égal et aisé, opère alors, sur la masse totale du pont, une pression beaucoup moins grande. Néanmoins l'étendue des arches et leur courbure surbaissée, lorsqu'elles passent de certaines proportions, présentent d'autres difficultés. Elles exigent un degré de densité dans les matériaux qu'il est difficile de rencontrer dans beaucoup de pays, et une science et

une précision dans l'exécution dont peu d'ouvriers
sont capables. Si la construction des fondations ou
des culées cède à l'effort de l'immense pression de
ce poids suspendu au-dessus, si le mauvais choix de
la pierre en rend quelques parties attaquables à la
gelée, enfin si quelques parties moins dures viennent
à céder, il est difficile alors de porter remède à ce
mal, dont l'accélération croît tellement que le secours
devient presque impossible et l'ouvrage est détruit.
Dans le système des anciens, dont le Pont-Neuf est
une belle imitation, l'œil est moins étonné, mais plus
satisfait, et les réparations que le temps doit rendre
nécessaires sont bien plus faciles ; la reprise d'une
arche n'exige pas qu'on étaye toutes les autres avec
des difficultés presque égales à celles de la construction primitive.

Aujourd'hui que nous avons vu, par l'exemple des
ponts modernes déja cités, jusqu'où la hardiesse des
constructeurs peut pousser l'accord d'une théorie et
d'une pratique, fondée sur de savants calculs, con-
firmés par l'expérience, peut-être reconnaîtrons-nous
qu'il est plus avantageux de construire des arches
d'une médiocre étendue et assez surélevées pour diminuer la pesanteur de leurs voussoirs, sans offrir
néanmoins une pente inaccessible aux voitures.

Ce n'est point par l'étonnante largeur des arches
que les Romains ont cherché à faire distinguer leurs
ponts, puisque l'ouverture de ces arches n'excède
point 20 à 25 mètres. Leur forme, toujours très
simple, a constamment été, soit un demi-cercle en-

tier, soit une portion d'arc très étendue et venant
s'appuyer sur les piles ou sur la culée, dans lesquelles
l'imagination prolonge la courbure. Ces arches sont
supportées par des piles solides au moins du cin-
quièmè, souvent du quart de leur ouverture, et quelquefois plus. Un appareil, composé de forts blocs de
la pierre la plus dure, ou de marbre, leur assurent
une solidité à l'épreuve de la lime du temps et de la
fureur des eaux. Enfin une décoration mâle, puisée
dans la nature du sujet, ajoute à ces constructions
une beauté de forme que les modernes ont trop souvent négligé.

Jusqu'alors dans la composition de l'ensemble de
nos ponts et dans le choix des membres d'architecture et des ornements de pure décoration que nous y
avons admis, nous nous sommes écartés de ce caractère
de fermeté et de beauté dont les anciens nous ont
donné l'exemple, et nous sommes forcés de convenir
que cette partie de l'art est moins, chez nous, le fruit
de connaissances profondes que le résultat d'une routine irréfléchie. Sous ce double rapport, le pont de
Neuilly, par sa simplicité, nous semble préférable au
pont Louis XVI, auquel on a peut-être prodigué trop
de magnificence. Il convient de dire cependant, en
faveur de ce dernier, que, lorsque sa décoration sera
complétée par les quatre trophées et les douze statues
colossales qui doivent être placés sur les piédestaux
réservés à cet effet, il offrira un ensemble admirable,
autant par sa beauté et sa richesse, que par la perfection et la hardiesse de son exécution.

Les statues pédestres qui doivent le décorer seront en marbre et auront environ 12 pieds de proportion. Elles s'exécutent en ce moment ; plusieurs même sont déja terminées. Nous allons les nommer ainsi que les artistes auxquels elles ont été confiées : Bayard, par M. Moutoni ; Dugay Trouin, par M. Dupasquier ; Turenne, par M. Gois fils ; Tourville, par M. Marin ; Suger, par M. Stouf ; Duguesclin, par M. Bridan fils ; Condé, par M. David ; le cardinal de Richelieu, par M. Ramey ; Sully, par M. Espercieux ; Colbert, par M. Milhomme ; Duquesne, par M. Roguier ; Suffren, par M. Le Sueur.

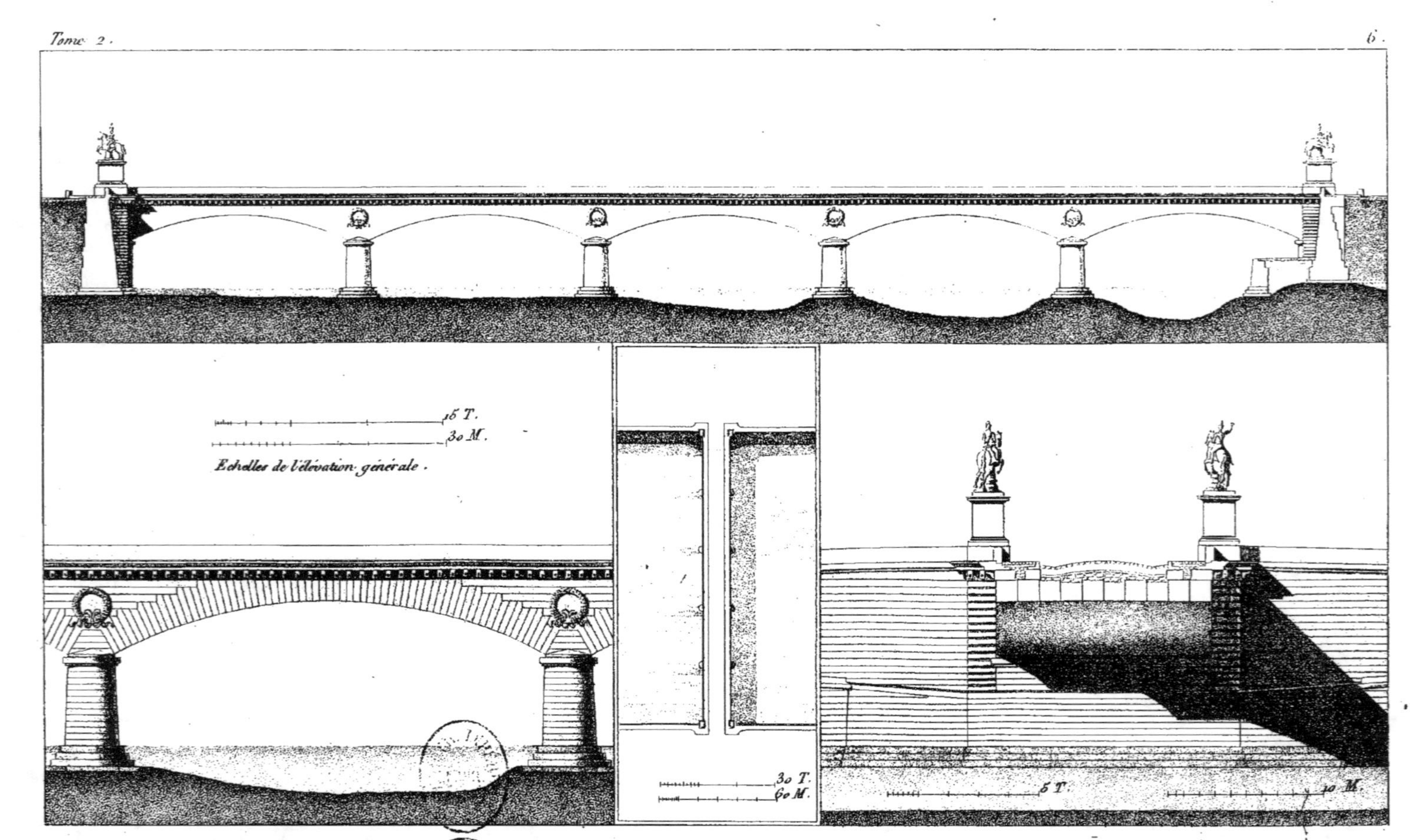

Tome 2.
6.
15 T.
30 M.
Echelles de l'élévation générale.
30 T.
60 M.
5 T.
10 M.

PONT DES INVALIDES.

CE pont, commencé en 1806, sous la conduite et sur les dessins de M. Lamandé, ingénieur en chef des ponts et chaussées, fut terminé en 1813. Il devait être primitivement en fer fondu, et les piles et culées en pierre de taille; mais, en 1808, un devis comparatif des dépenses à faire pour le terminer en fer ou en pierre ayant été présenté au ministre de l'intérieur, par le directeur général des ponts et chaussées, un arrêté du 27 juillet de la même année ordonna que ce pont serait totalement en pierre. Le nom *d'Iéna* lui fut donné par un décret rendu à Varsovie, le 13 janvier 1807, en mémoire de la fameuse bataille gagnée par les Français sur les Prussiens le 14 octobre 1806 : mais les armées alliées s'étant emparées de Paris, en juillet 1815, et les Prussiens ayant tenté de détruire ce monument, dont le nom leur rappelait des souvenirs fâcheux, le Roi, par une ordonnance du même mois, le fit appeler *Pont des Invalides,* quoiqu'il soit situé en face de l'École Militaire.

Le pont des Invalides a 155 mètres de développement d'une culée à l'autre. Cet espace est rempli par cinq arches, dont deux ont une de leurs naissances qui repose sur un corps carré engagé dans la culée.

Chacune des quatre piles a 3 mètres d'épaisseur mesurée sous le cordon, et se compose d'un corps carré de 14 mètres de longueur, terminé par des avant et arrière-becs demi-circulaires.

Les voûtes ont toutes 28 mètres d'ouverture, 3 mètres 30 centimètres de flèche; leur courbure génératrice est un arc de cercle de 31 mètres 347 millimètres de rayon. Les naissances des voûtes sont toutes prises au-dessus des plus fortes eaux, et leur épaisseur à la clef est d'un mètre 44 centimètres.

Les culées sont formées d'un corps carré de 18 mètres, élevé verticalement, sur 12 mètres 5 décimètres de hauteur, depuis l'étiage jusqu'au-dessus de la plinthe. Elles ne devaient avoir primitivement que 10 mètres d'épaisseur; mais, afin d'opposer une résistance suffisante à la poussée des voûtes en pierre, on leur a donné 15 mètres. L'une de ces culées étant élevée de toute sa hauteur et l'autre de quelques assises seulement, lorsqu'il fut arrêté que le pont serait totalement en pierre, cette augmentation d'épaisseur fut opérée après coup, et de deux manières différentes. Ces détails intéressants pour les constructeurs se trouvent très bien développés dans le devis de ce pont, publié à Rouen par M. Lamandé.

Une corniche, imitée du temple de Mars-le-Vengeur à Rome, et des couronnes de lauriers et de chêne sculptées au-dessus des piles, sont jusqu'à présent les seuls ornements appelés à sa décoration. On a élevé aux extrémités des parapets quatre piédestaux en pierre polie de Château-Landon, mais ils attendent

encore les figures équestres de généraux français qui
doivent compléter l'ensemble de ce pont.

Les ponts sont, de tous les monuments publics,
ceux qui réclament un plus haut degré de solidité.
Les difficultés de leur premier établissement, ou celles
que présentent presque toujours leur réparation,
exigent que l'on ne néglige aucune des précautions
qui peuvent les rendre, si l'on peut dire, éternels.

Ceux que Perronet a construits dans le siècle dernier
sont des modèles d'élégance et de légèreté; mais cet
ingénieur a atteint le but où il convenait de s'arrêter,
et l'on ne saurait le dépasser sans sacrifier la solidité
et la durée de l'édifice à un effet plus étonnant que
beau. Aussi doit-on savoir gré à M. Lamandé de n'a-
voir pas cherché à enchérir sur la hardiesse des constructions de cet homme habile, et de s'être contenté
de se rapprocher de l'un des plus beaux modèles qu'il
nous ait laissés. Au pont des Invalides comme au pont
Louis XVI, l'épaisseur des piles, l'ouverture des
arches, la courbe de leurs voûtes, et leur épaisseur à
la clef sont à-peu-près les mêmes. Quant au choix des
matériaux, objet si important dans un édifice de ce
genre, où la force de la pierre doit être calculée suivant sa qualité particulière, il est respectivement le
même pour chaque partie de ces deux édifices. Cette
espèce de ressemblance entre deux monuments si
rapprochés, loin d'être un motif de critique, nous
paraît au contraire un sujet d'éloge. Les données
étant les mêmes, M. Lamandé a fait preuve d'un
excellent esprit en restant dans les mêmes limites.

Une belle simplicité et une exécution soignée assurent au pont des Invalides un rang très distingué
parmi les ponts modernes. Il est le premier à Paris
qui se développe sur une ligne horizontale et qui ait
sa chaussée de niveau avec les abords. On voit quel
bon effet cela produit; mais ce sont des circonstances
rares, et l'on doit féliciter l'ingénieur de les avoir
rencontrées, ou d'avoir su les faire naître.

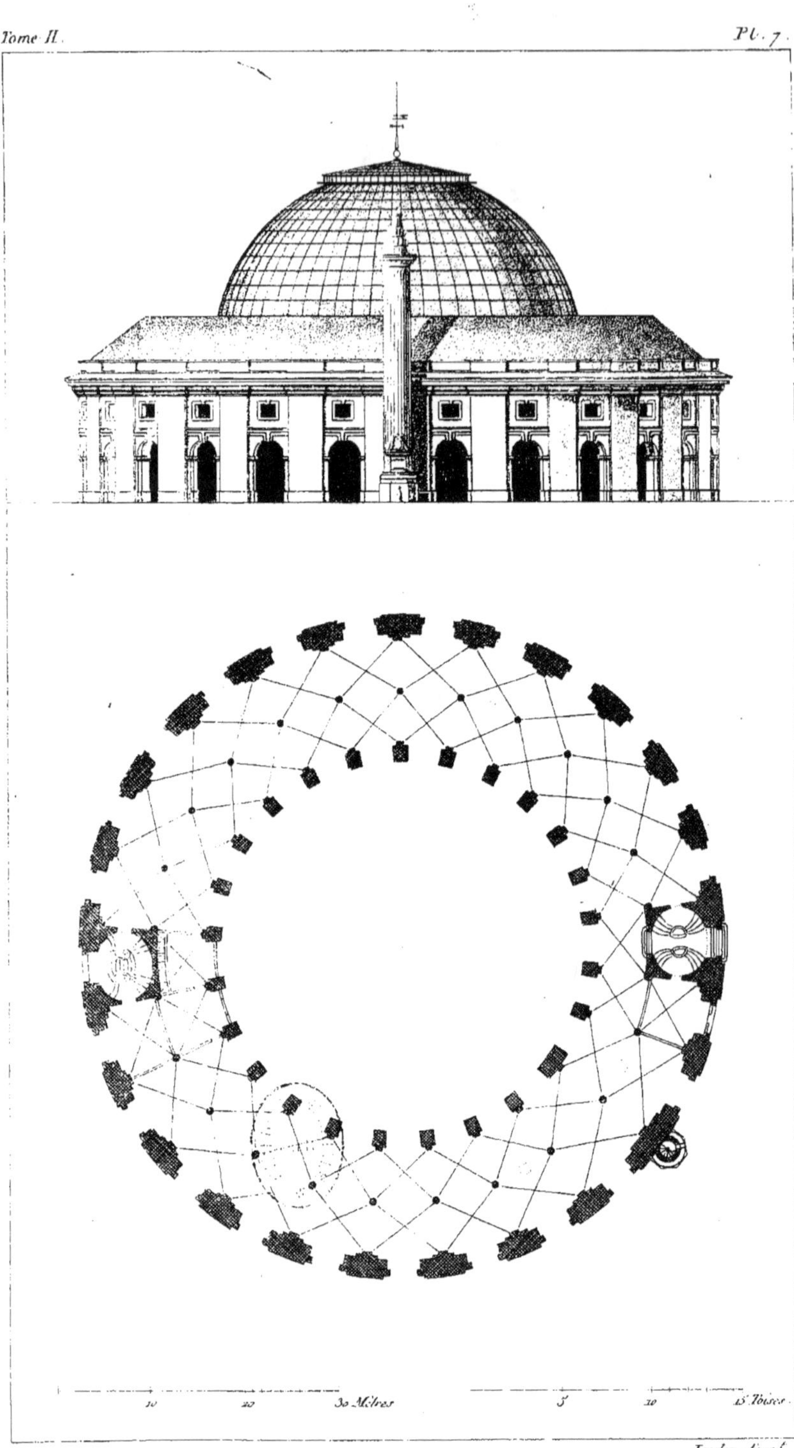

Plan et élévation de la Halle aux Blés.

HALLE AUX BLÉS.

L'HOTEL de Soissons, qui remplaça l'hôtel de Nesle, et sur l'emplacement duquel on a construit la Halle aux Blés, avait été bâti, en 1572, par J. Bullant, lorsque Catherine de Médicis eut renoncé à terminer les Tuileries. Catherine occupa cet hôtel trente-six ans, et après sa mort il passa à ses enfants, qui en jouirent jusqu'en 1595. En 1601, il fut vendu à Catherine de Bourbon, sœur de Henri IV, ensuite à Charles de Soissons, et depuis cette époque il a porté le nom d'*Hôtel de Soissons*. Les héritiers du prince de Carignan le firent démolir en 1748, et il n'en serait resté aucun vestige, sans la générosité de Bachaumont qui acheta, à ses dépens, et pour la conserver à la postérité, la colonne monumentale dont on a fait depuis une fontaine. Enfin, en 1755, la ville de Paris fit l'acquisition du terrain, et se détermina, en 1762, à y faire construire la Halle aux Blés. Cet édifice, commencé aussitôt, fut achevé dans l'espace de trois ans, par les soins de M. de Viarmes, prévôt-des-marchands, d'après les dessins de Le Camus de Mézières, architecte du Roi (1).

____

(1) Le ministre Colbert avait conçu un projet d'un autre genre sur cet emplacement. Au sommet d'un rocher fort élevé et entouré d'un très grand bassin, on eût vu la statue en bronze de Louis XIV

Ce monument, formé d'un vaste portique circulaire qui règne autour d'une cour de 120 pieds de diamètre, est le seul de ce genre que l'on connaisse. Il est parfaitement isolé, et sa décoration simple répond bien à l'objet auquel il est destiné. Cette espèce de rotonde est percée de vingt-cinq arcades de 10 pieds et demi d'ouverture, dont six servent de passage et répondent à autant de rues, terminées par des carrefours, auxquels aboutissent cinq débouchés différents. Il n'est point entré de bois dans cet édifice, tout y est voûté, le toit même étant supporté par un berceau continu. Au rez-de-chaussée sont des voûtes d'arètes, dont les retombées portent sur des colonnes d'ordre toscan. Au-dessus on a pratiqué de beaux et vastes greniers, voûtés en pierre et en brique ; on y communique par deux fort singuliers escaliers ; celui du côté de la rue du Four est à quatre révolutions jusqu'au premier pallier, et de là jusqu'au haut de l'édifice il n'est plus qu'à deux rampes qui se croisent parallèlement ; l'autre, situé du côté de la rue de Grenelle, n'est qu'à deux révolutions.

---

foulant aux pieds la Discorde et l'Hérésie. Quatre fleuves, également en bronze, et de proportion colossale, devaient verser une immense quantité d'eau dans le bassin entouré d'une balustrade de marbre. Là se seraient rendues les eaux de l'aqueduc d'Arcueil, pour être distribuées par des canaux dans différents endroits de la ville. Tout était disposé pour l'exécution de ce grand dessein, mais la mort du ministre rompit ce projet, dont il n'est resté que le modèle en petit, qui orna long-temps le cabinet du célèbre sculpteur Girardon.

La Halle aux Blés mérite d'être examinée par rapport à sa construction savante, à la légèreté de ses
voûtes en briques et en pierre, à la forme recherchée
et à l'appareil de ses deux escaliers; enfin par l'effet
de son ensemble tant à l'extérieur qu'à l'intérieur.

Dans le mur extérieur de cette Halle, se trouve actuellement engagée la belle colonne dont nous devons
la conservation à l'ami des arts que nous avons nommé
plus haut. Elle est d'un ordre dorique, fort enrichi,
et elle a 95 pieds de hauteur. Son intérieur renferme
un escalier qui conduit à une espèce d'observatoire
établi sur le chapiteau, et au-dessus duquel est un
paratonnère. Ce curieux monument fut dit-on,
bâti par J. Bullant, pour servir aux observations astronomiques de Catherine de Médicis. On peut raison-
nablement douter de cette singulière destination et
voir dans cette colonne un témoignage de la douleur
de la reine après la mort de Henri II. Les bas-reliefs
qui ornent l'escalier, et dans lesquels on voit des C et
des H entrelacés, des miroirs cassés, et des lacs d'a-
mour déchirés, pourraient appuyer notre conjecture.

A l'époque de la construction de la Halle, on a
pratiqué au bas de cette colonne une fontaine publique; et, dans le haut, on a tracé sur le fût un méridien d'une exécution fort ingénieuse : il marque
l'heure précise du soleil à chaque moment de la journée, et dans chaque saison. Il est de la composition
du père Pingré, chanoine régulier de Sainte-Geneviève, et membre de l'académie des sciences.

Les portiques voûtés de la Halle aux Blés ne peu-

vant abriter tous les grains et farines auxquels cet
édifice sert d'entrepôt, on résolut, en 1782, de couvrir la cour circulaire qui est au centre. Deux projets furent alors présentés à M. Lenoir, lieutenant
de police. Dans l'un, MM. Belanger, architecte, et
Deumier, serrurier de la ville et des bâtiments du
Roi, proposaient de couronner cette Halle d'une coupole toute en fer et en cuivre; dans l'autre, MM. Legrand et Molinos, architectes, et Ronbo fils, habile
menuisier, offraient de construire une semblable coupole, mais en charpente légère, et d'après le système
ingénieux que Philibert Delorme avait proposé d'employer pour couvrir un grand cloître circulaire à l'abbaye de Montmartre. L'économie fit sans doute préférer ce dernier, et il fut aussitôt exécuté.

Cette coupole, d'un diamètre presque égal à celui
du Panthéon de Rome (1), produisait le plus grand
effet, et paraissait d'une légèreté prodigieuse. L'œil
étonné parcourait une voûte immense qui, dans un
développement de 188 pieds, s'élançait à plus de 100
pieds au-dessus du sol; on ne concevait pas comment
elle pouvait se soutenir, ainsi découpée, et ayant tout
au plus un pied d'épaisseur. Vingt-cinq rayons lumi-
neux ou côtes à jour y introduisaient une belle lumière;
mais malheureusement ces ouvertures, faites aux dépens des zones ou cerceaux qui, dans le projet de

---

(1) La coupole du Panthéon à Rome a 133 pieds de diamètre,
et n'est éclairée que par une seule ouverture circulaire de 24 pieds
de diamètre, pratiquée au sommet de la voûte.

Delorme, liaient tous les assemblages, nuisirent à la solidité de cette coupole qui, vingt ans après sa construction, a été consumée en quelques heures par la négligence d'un plombier.

En 1806, on s'occupa de son rétablissement. Un concours s'ouvrit, et le projet primitif de M. Bélanger, obtint cette fois la préférence. Un beau modèle, exécuté en fer et en cuivre, et dans de justes proportions, fut alors exposé au ministère de l'intérieur; là, par son moyen, chacun a pu se rendre compte à l'avance et de l'ensemble et des moindres détails des ingénieux procédés dont il présentait l'emploi.

La Halle aux Blés est le premier et jusqu'à présent le seul monument qui ait été couvert uniquement en fer et en cuivre. Pour ce nouveau genre de construction, qu'on pourrait employer ailleurs avec avantage, on a préféré le fer coulé, qui est moins sujet que le fer forgé à se dilater ou à se condenser suivant les variations de l'atmosphère. Mais ces différences ont encore été calculées par M. Bélanger et l'assemblage de toutes les parties qui composent sa coupole doit fixer l'attention des constructeurs, parceque tout y est tellement étudié et prévu que les différents métaux qui composent cet ensemble peuvent suivre les impulsions atmosphériques sans éprouver de résistance et sans compromettre ainsi la solidité de l'édifice.

Comme cette coupole est, sous bien des rapports, un ouvrage fort curieux, nous pensons qu'on ne lira pas sans intérêt quelques détails sur sa construction. Elle est composée de cinquante-une courbes, s'élevant dans un plan vertical depuis la corniche jusqu'à la grande fenêtre circulaire, lesquelles sont entretenues dans toute la circonférence par quinze autres courbes, dont le plan est dirigé vers le centre de la voûte. Il résulte de ce systême, dont le type est bien certainement celui de Philibert Delorme, il résulte, disons-nous, un ensemble de sept cent soixante-cinq caissons, diminuant progressivement, et produisant un effet assez agréable. Toutes les pièces de cet assemblage, au nombre de 1071, sont en fonte de fer, et ont été coulées au Creuzot : elles sont réunies avec des clavettes et des boulons à écroux en fer forgé. La couverture porte sur cette espèce de charpente en fer ; elle est en cuivre laminé et étamé, et on y a employé 3549 feuilles, dont le poids est de 29,086 kil. ; celui des fers est de 219,590 kilog. La dépense totale de cette coupole s'est élevée à 700,000 fr.

On voyait autrefois, dans l'intérieur de la Halle, quatre médaillons, sculptés par M. Rolland ; ils représentaient Louis XV, Louis XVI, M. Lenoir, et Philibert Delorme. Ce dernier seul a été respecté, mais ce portrait et l'inscription qui l'accompagne sont devenus insignifiants depuis l'incendie de la charpente, et nous pensons que cet hommage aux talents de l'architecte de Henri II serait beaucoup mieux ailleurs. Il n'en est pas de même des médaillons des deux monarques ; Les Français aiment à retrouver par-tout le souvenir de leurs princes, et c'est avec joie qu'ils contemplent de nouveau ces images chéries.

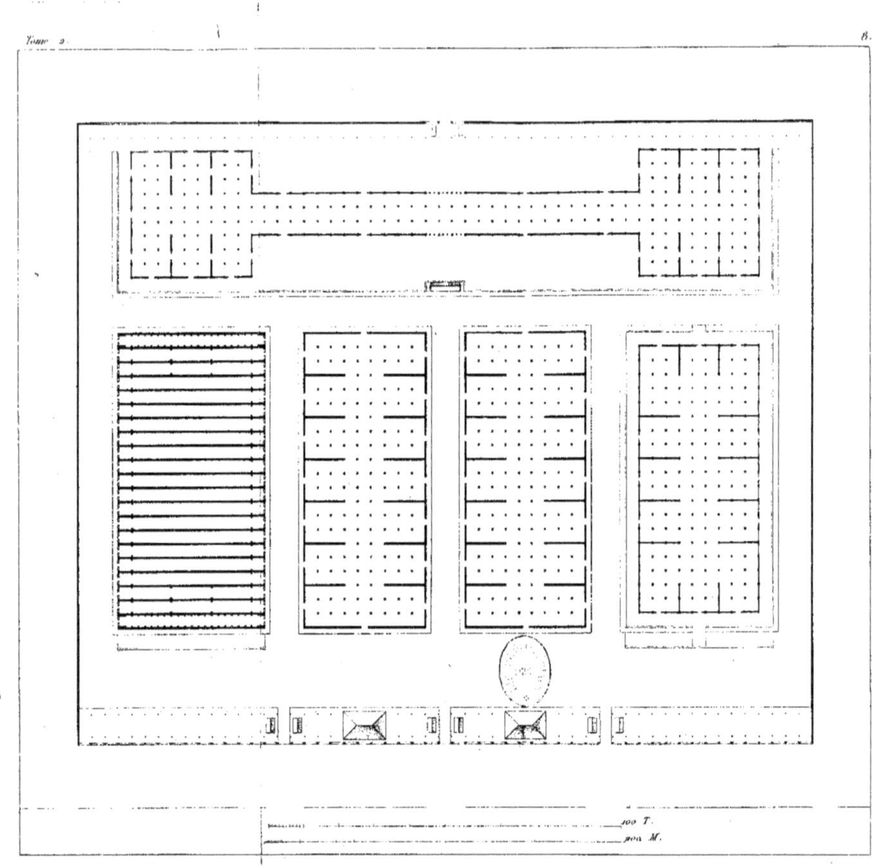

Plan de la Halle aux Vins

HALLE AUX VINS.

La Halle aux Vins, établie en 1662, au-delà de la porte S.-Bernard, était depuis nombre d'années insuffisante pour les besoins du commerce de la capitale, lorsque, dans ces derniers temps, le gouvernement ordonna la construction d'une nouvelle Halle. Le 15 août 1811, la première pierre en fut posée dans l'enclos de l'ancienne abbaye Saint-Victor. Les travaux, commencés aussitôt sur les dessins et sous la conduite de M. Gaucher, furent poussés avec une telle activité, que, dès le mois d'août 1813, le commerce était en possession de quatre halles du marché à gauche et de sept halles du marché à droite ; aussi, à cette époque, sur les 10 millions du total présumé de la dépense de cet établissement, près de 4 millions avaient-ils été employés. Ces travaux, suspendus momentanément, se poursuivent aujourd'hui avec une nouvelle activité.

Le terrain sur lequel s'élève la Halle aux Vins a environ 134,000 mètres de superficie. Il est clos de murs sur trois côtés et fermé sur le quai Saint-Bernard par une grille de 404 mètres de développement. De ce côté sont deux petits bâtiments pour l'administration, et six bureaux pour ceux qui sont chargés de surveiller l'entrée et la sortie des vins.

La Halle aux Vins sera composée de cinq grandes

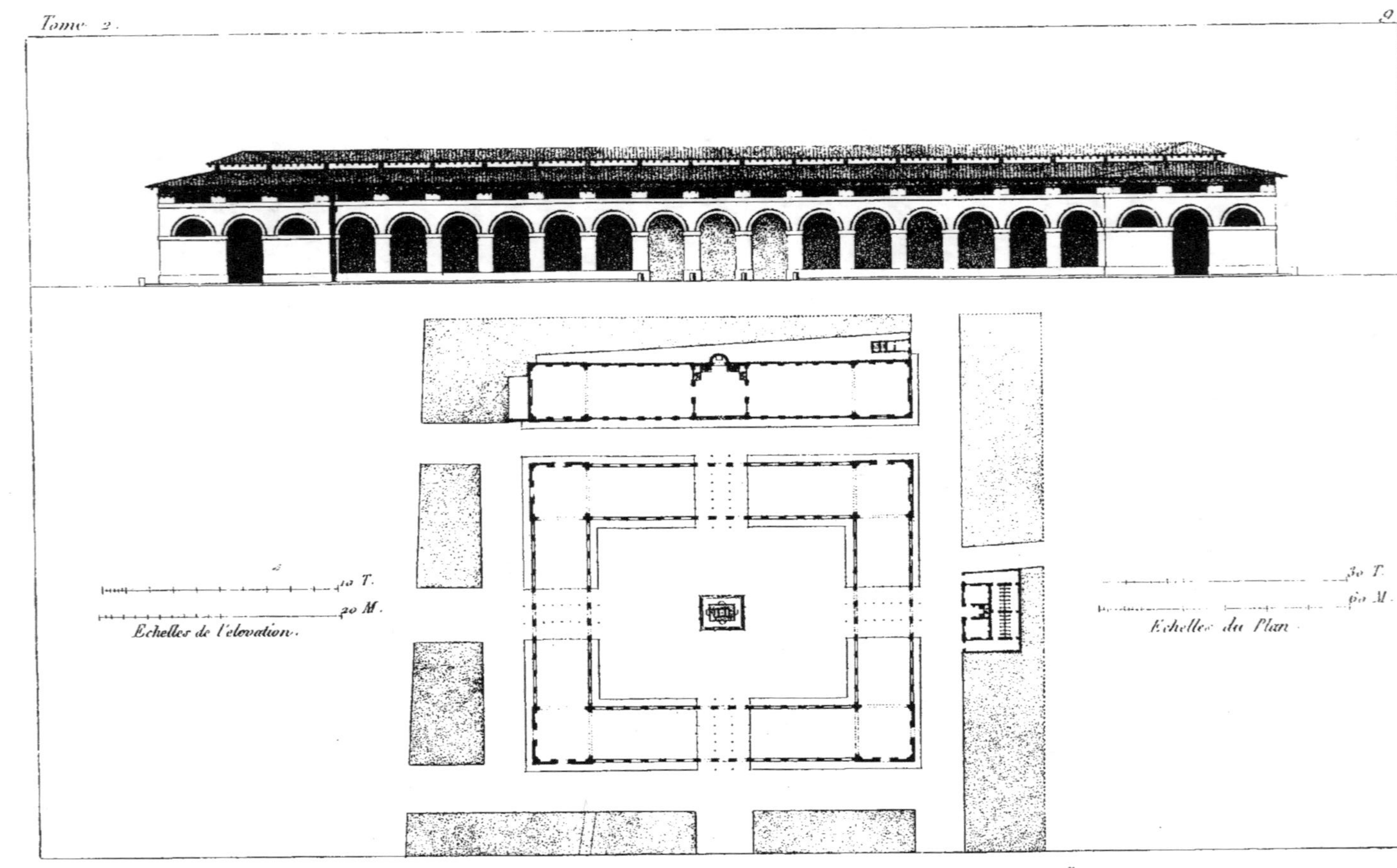

10 T.
20 M.
Echelles de l'élévation.
30 T.
60 M.
Echelles du Plan.

MARCHÉ SAINT-GERMAIN.

Chez les plus anciens peuples on trouve les marchés, les foires, les grands rendez-vous de commerce, presque toujours essentiellement liés aux établissements religieux ; c'est une observation générale qui ne peut échapper lorsqu'on étudie l'histoire de la civilisation. Il en fut de même en France, dans ces temps reculés où s'élevèrent un grand nombre de monastères. Bientôt autour des basiliques et des monastères qui les protégeaient, des marchands de toute espèce vinrent offrir, à l'époque des grandes fêtes, tout ce qui pouvait être utile ou même agréable à ces foules de pélerins qui abandonnaient momentanément leurs foyers pour visiter les saints lieux. Afin d'y attirer plus sûrement les vendeurs, ces champs de foire furent privilégiés, et peu-à-peu ils formèrent un revenu considérable aux abbayes, sous la protection desquelles ils se trouvaient. De temps immémorial l'abbaye de S.-Germain jouissait de ce droit de foire ; mais, en 1176, les religieux se dessaisirent, en faveur du Roi, de la moitié du revenu qu'ils en tiraient, et même ils lui abandonnèrent l'autre moitié en 1284. Cette foire ayant été supprimée par Philippe-le-Hardi, Louis XI, qui fit beaucoup pour le commerce, la rétablit au faubourg Saint-Germain dans l'emplacement qu'elle a occupé jusqu'à nos jours. En considération des grandes pertes que l'abbaye avait éprouvées, sous Charles VI et Charles VII, les religieux obtinrent les mêmes franchises qui avaient été accordées aux bénédictins de Saint-Denis, priviléges que Louis XIV confirma en 1711. Par la richesse et la variété de ses étalages, cette foire attirait tous les ans, une grande quantité d'acheteurs, mais une plus grande affluence d'oisifs et de curieux de toutes les classes de la société, y était amenée par le plaisir. Là se trouvaient en effet réunis des spectacles de tous les genres, les choses les plus extraordinaires, les hommes les plus adroits, les chanteurs les plus habiles. Les jouissances de l'esprit ne furent pas étrangères à cet assemblage de tout ce qui pouvait charmer et plaire; personne n'ignore que l'Opéra-Comique, qui fit depuis les délices de la capitale, naquit dans cette enceinte, où Fuzelier, Pannard et Piron, firent entendre les accords de leur muse ingénieuse et badine.

En 1762, les halles sous lesquelles se tenait cette foire furent la proie d'un violent incendie qui détruisit tout en moins de cinq heures, et qui faillit embraser l'église de Saint-Sulpice, dont quelques parties de la charpente furent même attaquées. Ce Marché était divisé en deux halles contiguës, comprises dans une même enceinte. Chacune de ces halles avait cent trente pas de long sur cent de large. Neuf rues, qui se coupaient à angles droits, les partageaient en vingt-quatre parties. Les loges qui formaient ces rues étaient composées d'une boutique au rez-de-chaussée, et d'une chambre au-dessus. On vantait comme un chef-d'œuvre la charpente de ces halles. Les constructions qui les remplacèrent après l'incendie n'ont au contraire rien laissé à regretter, lorsqu'elles furent détruites pour faire place au nouveau Marché dont nous allons parler.

La première pierre de cet édifice a été posée, le 15 août 1813, à l'un des angles intérieurs de la cour, du côté de la rue de Seine; on y a incrusté une boîte de cèdre, recouverte en plomb, dans laquelle sont des pièces de toutes les monnaies en circulation à cette époque. La principale entrée de ce Marché, en le considérant comme terminé, est la même que l'ancienne; c'est celle qui est à la tête de la rue du Four. En partant de ce point, on trouve d'abord le Marché proprement dit, dont le plan présente un parallélogramme rectangle, de 92 mètres de largeur sur 75 de profondeur; toutes les façades extérieures et intérieures de ce grand corps de bâtiment sont percées d'arcades semblables, et cette décoration uniforme n'est interrompue qu'aux pavillons d'angle, où les arcades latérales sont seulement ouvertes dans leur partie cintrée. L'arcade du milieu se trouve ainsi sur l'axe de chacune des quatre grandes galeries, dont elle fait l'entrée particulière, tandis qu'au milieu des quatre façades, trois arcades sont plus spécialement réservées au passage des voitures qui doivent pénétrer dans la cour du Marché. Sous ces galeries, près de quatre cents étalages de marchands, disposés sur quatre

rangées, laissent par-tout une circulation libre et commode. Des jalousies fixées dans les arcades ferment
ce Marché, et en obscurciraient peut-être un peu l'intérieur, si l'on n'avait disposé la toiture de la manière
la plus favorable à l'effusion de la lumière et au re-
nouvellement de l'air, deux points extrêmement importants dans ce genre de construction. Pour obtenir
de beaux jours, on a réservé des espèces de fenêtres
barlongues au-dessus de chaque arcade; elles sont
pratiquées entre le plinthe qui couronne ces arcades
dans toute l'étendue des façades, et l'architrave en
bois qui porte la saillie des combles, tant à l'intérieur
qu'à l'extérieur. Ces combles sont à deux égoûts; mais
les deux pentes ne se joignent pas en un faitage; elles
laissent entre elles un intervalle assez large, qui est
recouvert lui-même par un petit toit continu, un peu
élevé au-dessus du grand, et supporté par des potelets
au droit de chaque ferme. Par cette heureuse disposition, l'air vicié qui tendrait à séjourner dans la
partie la plus élevée en est constamment chassé, et
fait place à un air plus pur qui afflue de toutes parts.
Cette toiture est, au reste, couverte en tuiles creuses,
et la charpente en est fort bien traitée.

A la suite de ce grand carré de bâtiments, et dans
un emplacement abrité au midi par les maisons de
la rue du Petit-Bourbon, est un corps de boucheries
isolé, semblable à l'un des côtés du Marché qui lui
est parallèle. Pour assainir le sol de cette boucherie,
on l'a élevé de quelques marches, et l'on a pratiqué
en dessous des caves qui sont éclairées dans la hau-

teur de la retraite. Ces caves, dont les divisions, au nombre de vingt-une, correspondent à celles du dessus, ont été distribuées en cent cinquante cases grillées, qui forment autant de serres ou magasins. On y arrive par un grand vestibule qui coupe le corps de la boucherie en deux parties égales. Au fond de ce vestibule, à l'extrémité du grand axe du Marché, est une niche où l'on voit une statue de l'Abondance, par M. Milhomme. Cette figure colossale est d'un fort bon style; elle est élevée sur un socle orné d'une tête de lion, d'où l'eau tombe dans une vasque de pierre de Château-Landon. Un corps-de-garde, des bureaux pour l'inspecteur, et des latrines publiques, ont été ménagés dans quelques parties irrégulières du terrain.

Le milieu de la cour du Marché doit être occupé par une fontaine : on a proposé d'y transporter celle que l'on voit maintenant devant l'église de S.-Sulpice. Nous applaudissons d'autant plus volontiers à cette idée, que l'intérêt de l'art se trouve ici d'accord avec la convenance, et nous n'avons pas hésité à indiquer ce changement sur notre plan, le regardant déja comme arrêté. On ne peut en effet se dissimuler que ce petit monument, où l'on remarque une certaine élégance, ne perde infiniment vis-à-vis d'une architecture colossale comme celle du portail de S.-Sulpice : placé au centre de fabriques moins riches et moins élevées, il gagnera beaucoup, et deviendra une meilleure preuve du talent de Détournelle, qui en est l'auteur.

Les travaux de ce Marché se poursuivent avec activité; les boucheries sont achevées; une moitié du

grand carré est terminée, et le public en a pris possession le 1er juillet de cette année; ainsi, dès à présent, il est permis d'apprécier le mérite de cet édifice
important, et le talent de M. J. B. Blondel, qui en
est l'architecte. Il faut louer ici une distribution de
terrain bien ménagée, une disposition générale simple et commode, une exécution soignée, et un style
de décoration très bien approprié à la chose. Peut-
être ces murs, un peu minces, accusent-ils une par-
cimonie, toujours déplacée lorsqu'il s'agit de monuments publics; peut-être cette cour, où l'on n'entrera
guère, sera-t-elle encombrée d'échoppes dans quelques
années. Ce sont des réflexions amenées par une pré-
voyance que M. Blondel trouvera sans doute trop mi-
nutieuse, mais au moins elles ne sauraient diminuer
le cas et l'estime qu'on doit faire aujourd'hui des
talents de cet architecte.

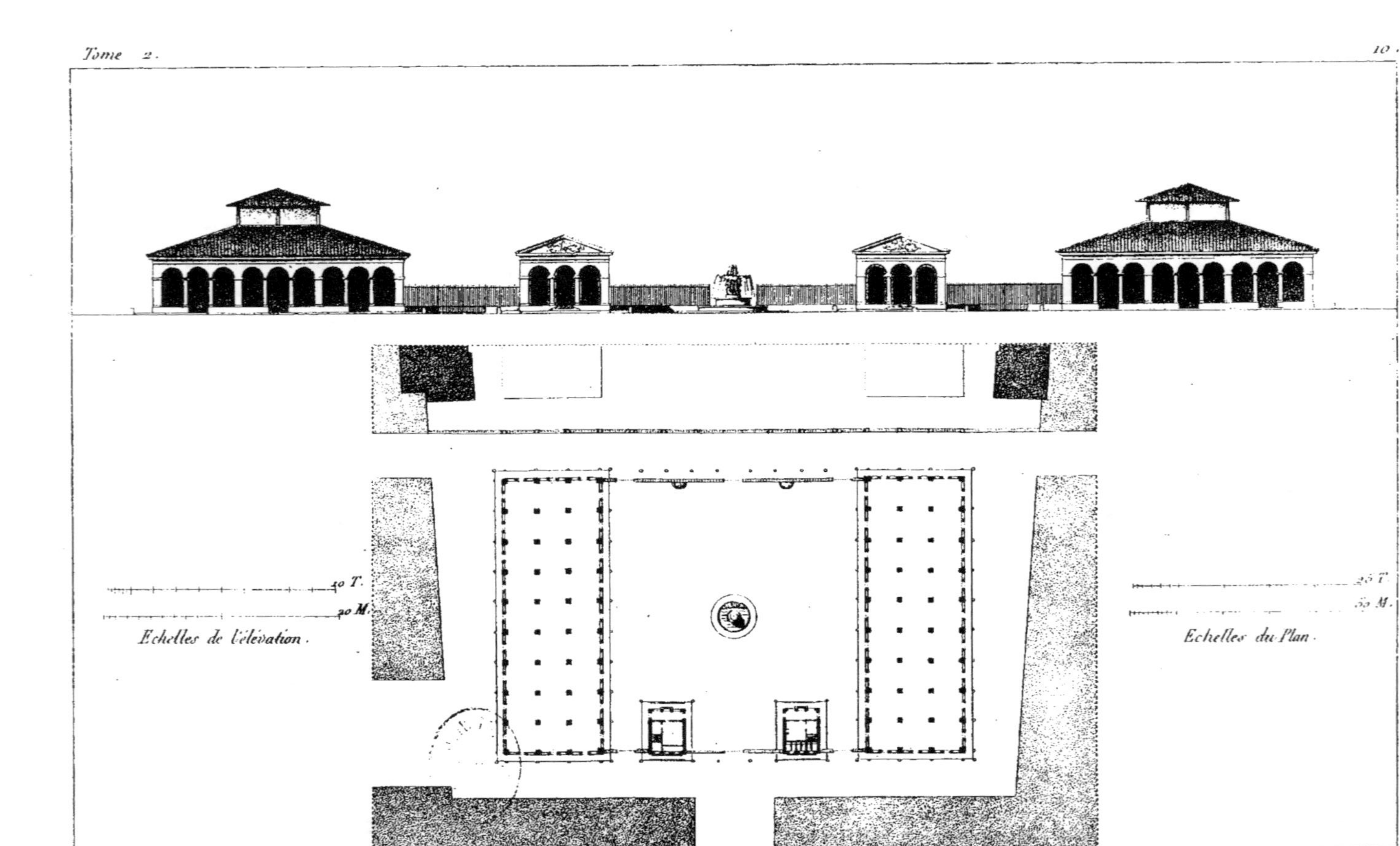
40 T.
20 M.
Echelles de l'élévation.
25 T.
50 M.
Echelles du Plan.

MARCHÉ SAINT-MARTIN.

L'ANCIEN Marché, construit en 1765, sur un terrain dépendant de Saint-Martin-des-Champs, étant devenu beaucoup trop petit pour satisfaire aux besoins de l'immense population du quartier, il fut arrêté, en 1811, qu'un nouveau Marché serait construit dans l'enclos de cet ancien prieuré. Le 15 août de cette même année la première pierre en fut posée, mais d'après un projet bien différent de celui que le même architecte, M. Peyre neveu, a exécuté depuis.

Dans ce premier projet on conservait les beaux murs de l'enclos qui avaient été construits en même temps que ceux de l'enceinte de Philippe-Auguste; ces murs, de six pieds d'épaisseur, étaient comme ceux du Temple, flanqués de tours et couronnés de créneaux. On adossait à cette muraille des portiques construits en pierre de taille, sous lesquels se serait tenu le Marché. Au-dessus, on élevait de vastes galeries, qui auraient été de plain-pied avec le premier étage du grand bâtiment, occupé aujourd'hui par le Conservatoire des arts et métiers. Dans ces galeries, qui, développées, eussent présenté une étendue égale à celle de la galerie du Muséum, devaient avoir lieu, tous les trois ans, des expositions publiques des produits de l'industrie nationale, et, pendant l'intervalle d'une exposition à l'autre, on se proposait d'employer ce local à y former des élèves destinés à devenir chefs d'ateliers dans toutes sortes de manufactures.

Ce projet avait quelque chose de séduisant : notre Conservatoire des arts et métiers est un établissement unique en Europe, et l'idée d'y rattacher une exposition de nos produits manufacturiers était d'autant plus heureuse que nous ne possédons aucun monument, si ce n'est le Louvre, qui soit assez vaste pour remplir convenablement ce double programme. Mais des considérations, qu'il est inutile de rapporter ici, ayant fait renoncer à un tel édifice, la première pierre qui en avait été posée fut retirée, et l'on en plaça une nouvelle pour le Marché que nous voyons exécuté.

Ainsi que nous l'avons dit, ce nouveau Marché est établi dans l'enceinte du jardin de Saint-Martin, dont les murs ont été détruits. Une grille, qui se rattache aux deux ailes avancées du bâtiment où est le Conservatoire, le sépare du Marché : elle laisse en avant une large rue qui aboutira bientôt de la rue Neuve-Saint-Martin à la rue Transnonain en traversant celle du Vertbois et l'ancien marché, dans lequel on construira pour lors des boucheries comme au marché Saint-Germain.

Le nouveau Marché Saint-Martin présente un parallélogramme de 100 mètres de face sur 60 de profondeur, et se compose de deux vastes portiques, ayant chacun neuf travées sur la longueur et trois sur la largeur. Chaque travée est ouverte par trois arcades, dont une sert d'entrée, et deux, qui ne descendent pas jusqu'à terre, sont fermées par des persiennes. Celle de l'entrée étant aussi fermée par une grille, lorsque l'heure de la vente est passée personne ne peut plus s'introduire dans le Marché. Cette distribution de l'intérieur est marquée par seize piliers qui supportent la charpente sur laquelle repose la couverture. La travée du milieu, plus élevée que celles des côtés et des extrémités, favorise l'introduction de la lumière et la circulation de l'air dans l'intérieur.

Ce Marché peut contenir au moins trois cent vingt-quatre places. En juillet 1816, époque où il a été ouvert au public, l'ancien Marché dont nous avons parlé et celui qui se tenait près la porte Saint-Martin ont été supprimés.

Deux petits bâtiments, d'une décoration analogue à celle des grandes halles, ont été construits du côté de la rue de la Croix : l'un sert de corps-de-garde ; dans l'autre sont établis les bureaux de l'inspecteur de police.

La fontaine jaillissante, élevée au milieu de ce Marché, en complète l'ensemble d'une manière magnifique. Trois enfants en bronze, de cinq pieds de proportion, représentent les génies de la chasse, de la pêche, et de l'agriculture ; ils sont groupés autour d'un faisceau de roseaux et autres plantes marécageuses, qui supporte une vasque en cuivre. Un jet d'eau s'élève du centre de cette vasque, y retombe aussitôt, et prend la forme d'une belle nappe circulaire qui, en recouvrant les figures des génies, se répand dans le vaste bassin au centre duquel ils sont placés. La scuplture de ce groupe a été modélé avec beaucoup de goût par M. Gois fils, statuaire distingué. Cette fontaine étant alimentée par le canal de l'Ourcq, dont les eaux ne sont pas encore potables, on a établi, du côté du Conservatoire des arts et métiers, deux autres petites fontaines qui reçoivent les eaux de Belleville.

Si la décoration du Marché Saint-Martin paraît un peu trop recherchée, si cette multiplicité de petites arcades, dont toutes ses façades sont percées, présente un luxe peu d'accord avec l'objet du monument, on ne doit pas tout-à-fait en accuser le talent de l'architecte. Ces défauts sont plus apparents que réels : construit sur une plus grande échelle, cet édifice offrirait à tous les yeux un vrai mérite, que le vulgaire sait rarement reconnaître, mais qui n'échappe point à un observateur attentif. Il est seulement fâcheux pour M. Peyre, qu'il ait été chargé le premier d'élever un de ces édifices dont le genre était absolument neuf à Paris, et pour les proportions desquels on n'avait point encore de données comparatives.

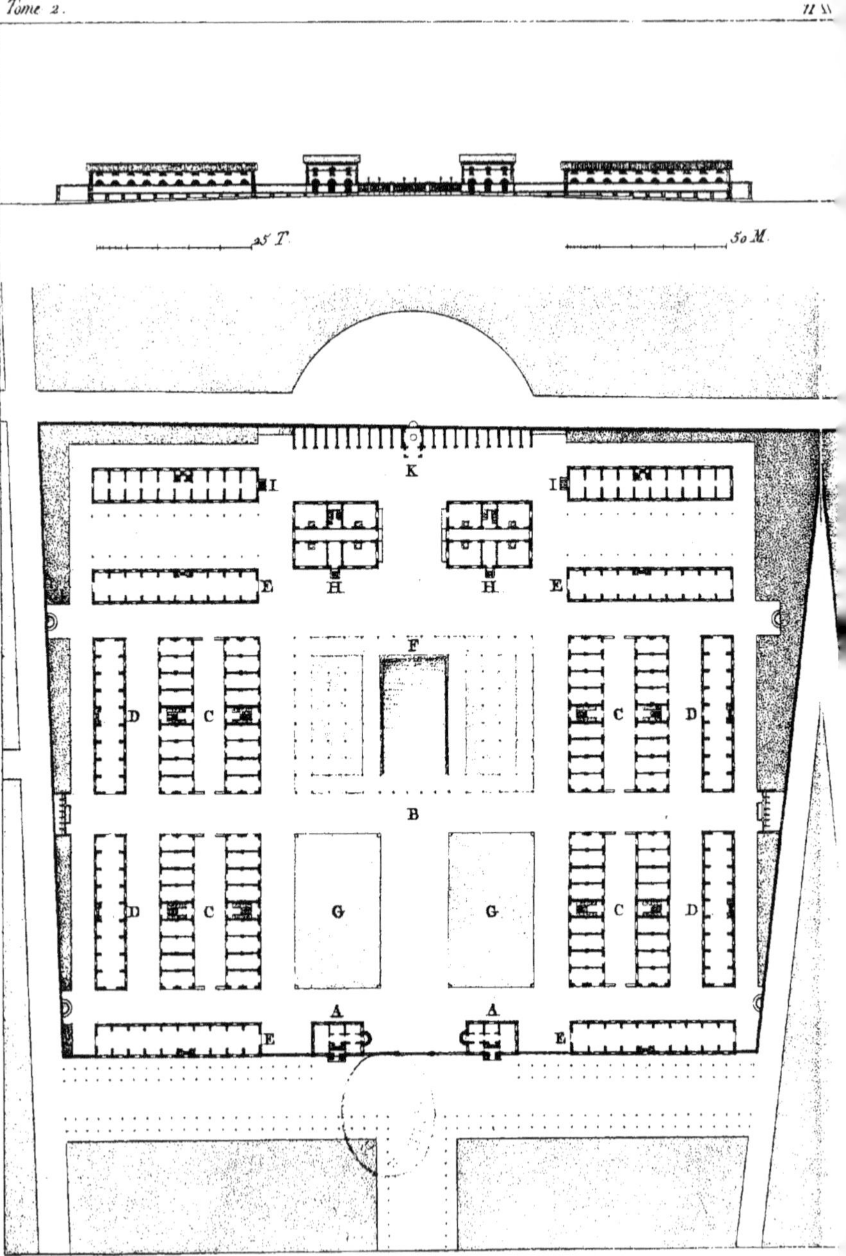

Plan général et élévation de l'Abattoir de Ménil-montant.

ABATTOIR DU MÉNIL-MONTANT.

Le mot abattoir n'est pas français; il désigne cet endroit d'une boucherie où le bétail est égorgé et coupé en quartiers avant qu'on en fasse ailleurs la distribution au public : c'est proprement une tuerie, et c'est ainsi qu'il fallait dire; mais la délicatesse moderne se sera révoltée de cette exactitude grammaticale, et elle aura fait préférer un mot nouveau, qui ne tardera pas à devenir d'un usage général. Dans sa signification actuelle, on doit entendre par abattoir une vaste enceinte renfermant divers corps de bâtiment où, sous les yeux de quelques préposés, plusieurs bouchers amènent le bétail qu'ils ont acheté, l'*abattent* et le partagent pour la consommation journalière, mettent leurs cuirs en réserve, et fondent leurs suifs avant de les livrer au commerce.

Les gens qui s'occupent d'économie politique ont long-temps agité la question de savoir s'il convenait de rejeter hors des villes tous les établissements qui peuvent nuire à leur salubrité, et sur-tout les boucheries, dont l'aspect offre de plus quelque chose d'affreux. Les opinions se balançaient : on convenait bien de tous les inconvénients attachés aux usages dont on se plaignait, mais on faisait valoir le droit que chacun doit conserver d'exercer son industrie par-tout où il le juge convenable : on opposait au projet d'établir de grandes boucheries quelques craintes plus chimériques que réelles sur le danger qu'il y aurait à réunir ainsi des hommes accoutumés à répandre le sang.

Il n'y a plus aujourd'hui à discuter ; on a senti enfin que les considérations particulières devaient céder à l'intérêt général, et l'on s'est décidé à détruire ces foyers d'infection dont quelques individus faisaient eux seuls un objet de lucre personnel. On a choisi, vers les extrémités de la ville, des emplacements aérés sur lesquels on élève d'immenses boucheries, sans craindre qu'il puisse en résulter jamais aucun sujet d'inquiétude pour la tranquillité publique.

Ces abattoirs, puisqu'il faut ainsi les nommer, sont au nombre de cinq : leur grandeur respective a été déterminée d'après les besoins des différentes parties de la ville auxquelles ils correspondent. Ceux du Ménil-Montant et de Montmartre ont le même degré d'importance et sont les plus étendus : celui de Grenelle vient ensuite, et tient le milieu entre les premiers et ceux de Mousseaux et de Villejuif qui sont les moins considérables. Comme ils ont tous été projetés dans un même systême et qu'ils se ressemblent beaucoup, nous avons jugé suffisant de donner le plan d'un seul, celui du Ménil-Montant, nous réservant de faire ailleurs une courte description des autres, afin de ne rien omettre d'essentiel, sans toutefois surcharger ce volume.

L'abattoir du Ménil-Montant est situé comme l'indique son nom sur un terrain incliné, dont la pente, quoique douce, contribue pourtant avec avantage à la salubrité de cet établissement, et à l'effet général des fabriques qui le composent. Tout l'espace compris entre les quatre rues qui l'isolent est un trapezoïde dans lequel est inscrit un parallélogramme de 215 mètres de face sur 190 de profondeur, l'architecte ayant sagement négligé des irrégularités qu'il lui sera facile de masquer soit par des plantations, soit par quelques bâtiments de service. Une grille, de plus de 100 pieds, appuyée sur deux pavillons (a) où sont les bureaux de l'administration forme la principale entrée de cet édifice. Elle ouvre sur un espace libre (b) dont l'aspect est moins d'une cour que d'une place publique : il est possible en effet, du centre de ce lieu, d'apercevoir la totalité des bâtiments qui, au nombre de vingt-trois, composent l'ensemble de l'abattoir.

A droite et à gauche de cette cour immense, large de 97 mètres, et, sur ses grands côtés, longs de 146 on voit quatre bâtiments doubles (c) séparés par une voie qui traverse tout le terrain parallèlement à la façade principale. Ce sont ces bâtiments qui reçoivent plus particulièrement le nom d'abattoirs : ils ont chacun 47 mètres de longueur sur 32 de largeur ; une cour dallée en pente pour l'écoulement des immondices, les sépare dans le sens de leur longueur, en deux corps semblables, dont l'un comme l'autre renferme huit abattoirs à l'usage particulier des bouchers.

2. 8

Chaque abattoir reçoit l'air et le jour par deux grandes arcades percées en opposition dans les murs de face. On a ménagé au-dessus de vastes abris pour y sécher les peaux et y déposer les suifs en branche, et afin que ces lieux fussent toujours frais, quoique grandement aérés, on a donné une projection considérable à la saillie des toitures plates qui les recouvrent.

On trouve derrière ces abattoirs deux bergeries (d) qui leur sont parallèles, et à leurs extrémités deux étables (e) en retour d'équerre : ces bâtiments renferment chacun leur grenier à fourrages, et complètent de chaque côté de la cour les deux principales masses d'édifices qui forment l'établissement.

Au fond de la cour, dans laquelle il y aura un abreuvoir commode (f) et deux parcs (g) pour la première distribution du bétail, on aperçoit deux pavillons isolés (h), destinés à la fonte des suifs. Ils sont traversés dans leur longueur par un large corridor qui donne accès à quatre fonderies séparées, au-dessous desquelles sont des caves voûtées, servant de rafraîchissoirs.

Au-delà de ces fondoirs, et sur une ligne parallèle au mur de clôture, on a construit deux longs bâtiments (i) divisés en un assez grand nombre de magasins particuliers, tant au rez-de-chaussée qu'au premier étage; ils sont élevés sur des caves où l'on tiendra les cuirs en vert; la partie supérieure est destinée aux peaux de veaux et de moutons.

Enfin, dans la partie la plus élevée du terrain, précisément en face de l'entrée, on a établi un double réservoir (k) tout en maçonnerie : il est porté sur deux suites de voûtes en berceau, sous lesquelles sont des remises ; les eaux y seront montées au moyen d'une machine à feu placée entre les deux bassins, qui ont ensemble 76 mètres de longueur.

Ces constructions furent commencées au mois d'avril 1810 sur les dessins de M. Happe, qui en est l'architecte : elles éprouvèrent quelque interruption lorsqu'elles étaient déja fort avancées ; mais on vient d'en reprendre les travaux, et tout fait présumer qu'avant peu nous jouirons des avantages qu'on a lieu d'attendre d'un établissement aussi utile.

On sent bien qu'il ne faut pas chercher ici de grands détails de décoration ; un édifice de ce genre n'en est point susceptible ; mais il est à propos de dire à ceux qui n'ont pas vu cet abattoir qu'on y aura dépensé plus de trois millions. Cette somme leur donnera une idée juste de l'importance de tout l'ensemble, car on n'y trouve d'autre luxe que celui qu'on a mis dans le choix et l'emploi des matériaux ; excellents moellons liés avec un bon mortier, belles pierres bien appareillées, bois sains coupés à vive-arrète, c'est avec ces éléments mis à la disposition d'un habile homme qu'on fait par-tout des édifices vraiment remarquables, quelle que soit d'ailleurs leur destination, nous dirions presque aussi quel que soit le goût de leur architecture. Sans doute l'abattoir dont nous parlons est largement distribué ; il est disposé d'une manière commode et avantageuse ; et de plus il tire une beauté réelle de la concordance

de ses masses, et tout à-la-fois de leur variété pittoresque ; mais que l'on suppose la même composition
exécutée d'une manière pauvre et mesquine, son
plus grand effet va disparaître ; il en résultera pour
l'observateur un sentiment désagréable et pénible, à
la place de cette satisfaction intérieure qu'ici l'on
éprouve à l'aspect d'un monument public dont l'utilité présente s'étendra encore jusqu'aux générations
les plus reculées.

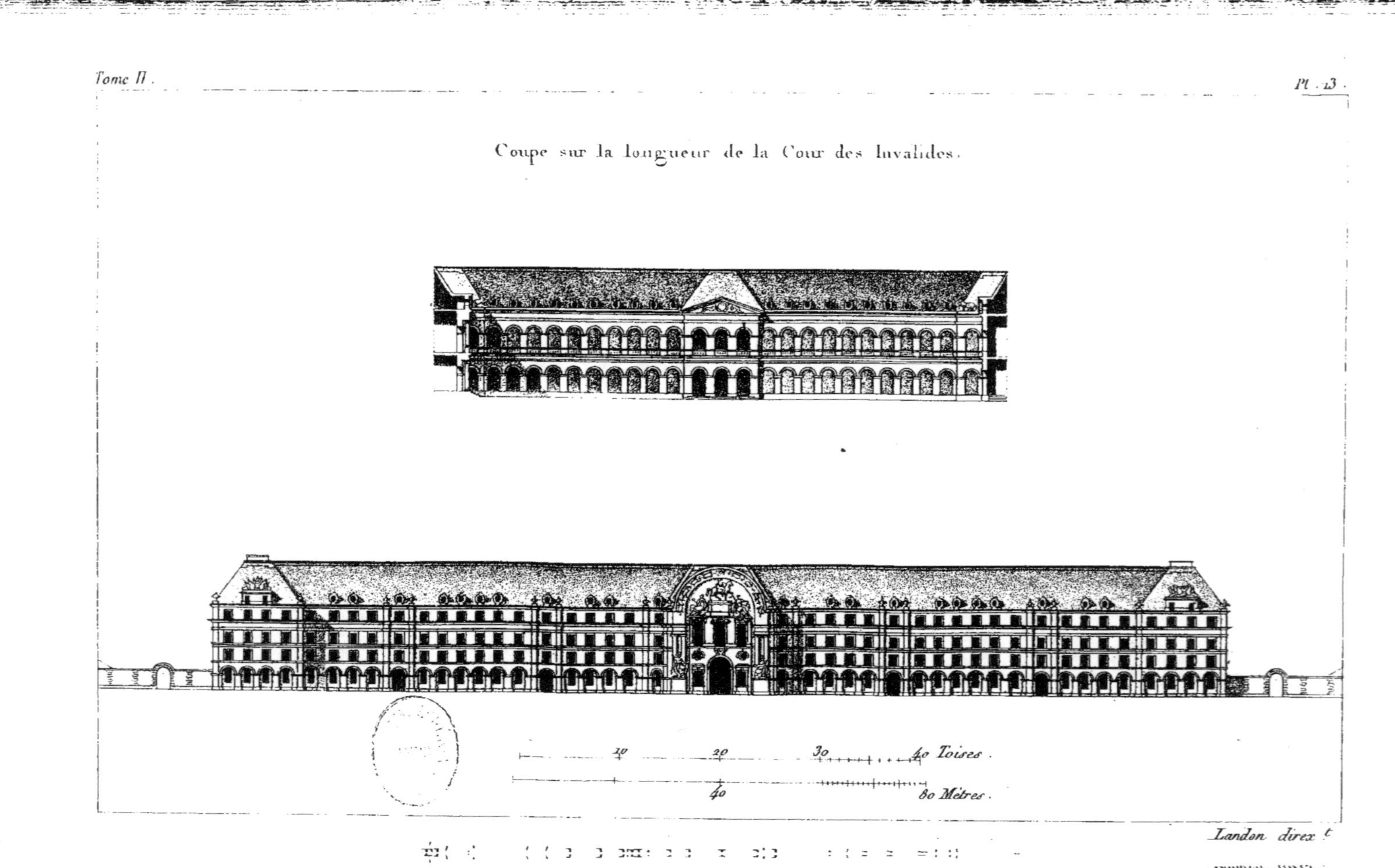

Coupe sur la longueur de la Cour des Invalides.

Landon direx.t

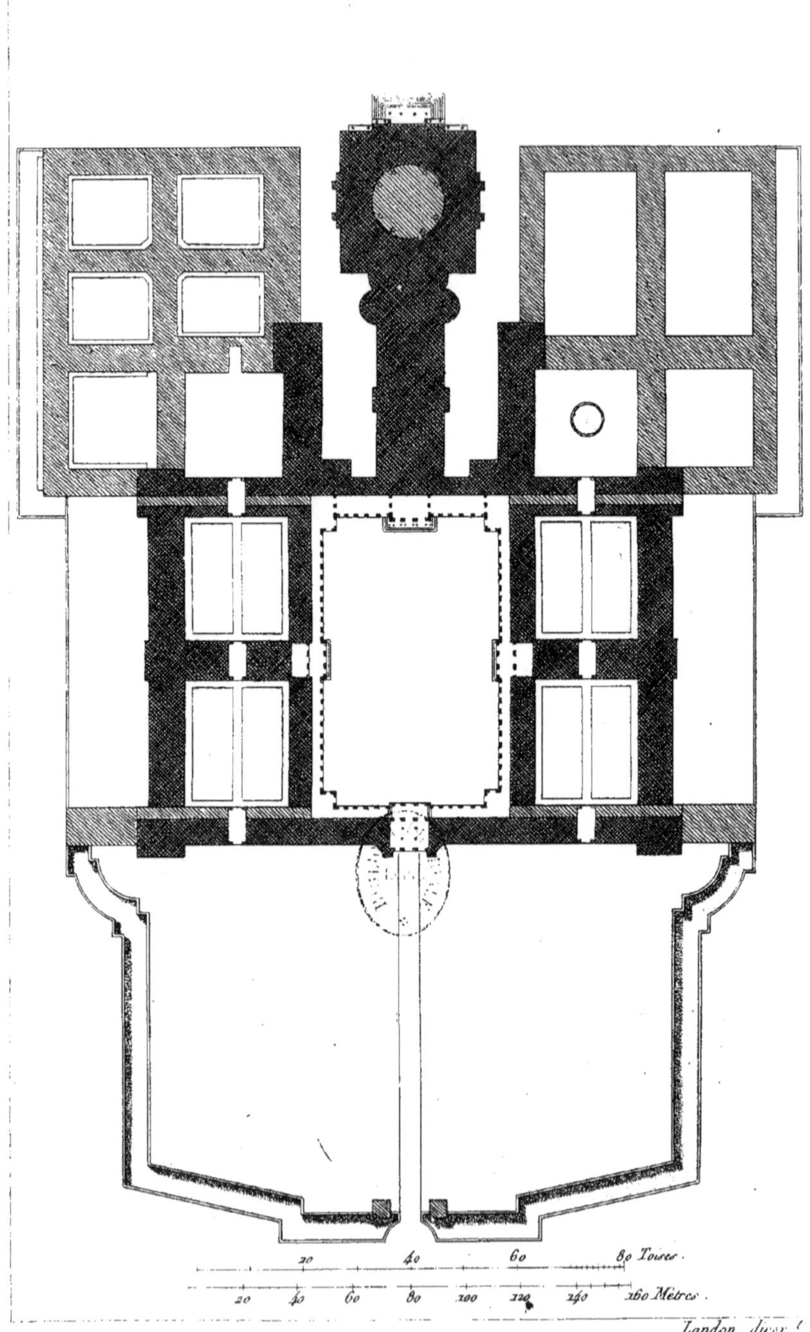

Landon direx.t

Plan général de l'Hôtel des Invalides.

HOTEL ROYAL DES INVALIDES.

C'est Philippe-Auguste, prince vraiment grand, qui le premier conçut le projet d'assurer une retraite honorable aux soldats invalides ; c'est Louis XIV qui exécuta ce noble et généreux dessein. Non que dans tous les temps les rois de France n'aient constamment pourvu aux besoins de leurs fidèles compagnons d'armes, mais jusqu'alors diverses circonstances n'avaient pas permis de former un établissement aussi magnifique. Il n'y eut point d'armée permanente sous les premiers rois : les guerriers qui avaient fait avec eux la conquête des Gaules reçurent des terres à titre de bénéfice, et devinrent les maîtres de ceux qu'ils avaient vaincus. Depuis, lorsque les besoins de l'état l'exigeaient, les grands vassaux de la couronne rassemblaient des soldats, les conduisaient au combat, et les ramenaient, à la paix, dans leurs foyers, où chacun reprenait ses occupations habituelles. Ceux que leurs blessures avaient rendu incapables de travailler étaient placés dans les monastères, et y participaient à la vie commune, sous le nom d'oblats ou religieux lais. Quoique cet état de choses ne fût pas sans quelques inconvénients, il présentait de si grands avantages, qu'il dura long-temps après que la milice française, mieux organisée, fût devenue tout-à-fait dépendante de l'autorité royale. Mais alors les guerres s'étant de plus en plus prolongées, les soldats s'accoutumèrent à la vie licencieuse des camps, et il devint presque impraticable de leur faire contracter les tranquilles habitudes du cloître. François Ier vit ce qu'il fallait faire : les embarras de son règne ne lui permirent pas d'exécuter son vaste projet. Il en fut de même de ses successeurs, jusqu'à Henri IV. A peine ce prince fut-il possesseur de son royaume, qu'il s'occupa des moyens de procurer aux Invalides une situation moins précaire, en affectant à leur usage une grande maison du faubourg Saint-Marceau, appellée la Charité chrétienne, dont néanmoins ils ne prirent possession qu'en 1603, bien que le premier édit soit du mois d'octobre 1597. Pour obvier à ces dépenses, Henri eut le premier l'idée d'exiger des bénéficiers les places d'oblat en argent. Louis XIII fit sur ces fonds des pensions aux officiers et aux soldats; mais les uns et les autres, après avoir trafiqué des bienfaits de l'État, se trouvèrent de rechef à la charge du trésor, et ces abus déterminèrent un établissement fixe. On choisit le château de Bicêtre pour le chef-lieu d'un ordre, sous le titre de Commanderie de Saint-Louis, dans lequel devaient être admis tous ceux qui auraient vieilli au service. On commença à travailler aux bâtiments vers 1634; on y mit beaucoup d'ardeur, et cependant ce grand appareil tomba dans l'oubli, jusqu'à ce qu'enfin, le 4 décembre 1668, Louis XIV rendit le premier arrêt pour l'exécution du projet qu'il avait d'assurer une retraite aux invalides. Par un autre arrêt, de 1670, les fonds des oblats furent affectés, la moitié à l'entretien des soldats dans l'Hôtel, et l'autre moitié à des pensions pour les officiers. Mais, cela ne suffisant pas, le roi assigna d'autres fonds, et l'on plaça provisoirement les officiers et les soldats dans une maison de la rue du Cherche-Midi, en attendant qu'on eut achevé le somptueux Hôtel que nous allons décrire.

Si l'on arrive à l'Hôtel des Invalides par la rive gauche de la Seine, on est surpris d'abord de l'aspect imposant de cet édifice. Une immense esplanade, accompagnée de longues allées d'arbres, précède une avant-cour fermée d'une grille et entourée de fossés, au-delà de laquelle s'élève une façade de plus de 100 toises, couronnée d'un dôme éclatant d'or. L'étonnement s'accroît lorsqu'on a parcouru ces cours, ces bâtiments, ces églises, ces promenoirs, qui tous ensemble occupent une surface de près de 19,000 toises. On se demande alors si c'est là un hospice. C'en est un sans doute ; mais c'est plus encore qu'un simple hospice. En créant cette fondation royale, Louis XIV voulut que les guerriers qui avaient habité les camps avec lui fussent reçus dans un asile digne de la magnificence de leur prince. Tout concourut à seconder de si nobles intentions : malgré les embarras d'une guerre dispendieuse, Louvois trouva les ressources nécessaires pour terminer ce grand édifice en huit années, et Libéral Bruant, qui fut chargé de l'exécuter, en fit, par son génie, un des plus beaux monuments d'un règne si fécond en prodiges.

La façade principale présente un avant-corps, deux parties lisses, et deux pavillons; elle est percée de trois rangs de croisées au-dessus du rez-de-chaussée, dont les ouvertures sont en arcades. L'avant-corps du milieu est décoré de pilastres ioniques qui reçoivent un grand archivolte orné de trophées, sous lequel est un bas-relief représentant Louis XIV à cheval, accompagné de la Justice et de la Prudence. Guillaume Coustou en était l'auteur; mais la figure du roi, détruite, il y a plusieurs années, vient d'être refaite avec beaucoup de talent par M. Cartellier. On a aussi restitué cette belle inscription qui indique avec tant de précision tout l'historique du monument :

LVDOVICVS . MAGNVS

MILITIBVS . REGALI . MVNIFICENTIA

IN . PERPETVVM . PROVIDENS

HAS . AEDES . POSVIT . AN . M . DC . LXXV.

Deux grandes statues, du même Coustou, Mars et Minerve, sont aux côtés de la porte, et contre les angles des pavillons on a placé fort convenablement les quatre esclaves de bronze que Desjardins avait fait pour la place des Victoires. Cette façade, quoique assez richement décorée, n'a pourtant de beauté réelle que par son étendue. Pour bien juger du mérite de Libéral Bruant, il faut entrer dans la cour royale, qui est une des belles productions de l'architecture; elle est entourée, au rez-de-chaussée et au premier étage, de portiques ouverts en arcades et formant des avant-corps au milieu des quatre faces et dans les angles. L'avant-corps du fond, qui conduit à l'église, est décoré de deux ordres de colonnes, ionique et corinthien, l'un sur l'autre, et couronné d'un fronton. Toute cette ordonnance est enrichie d'une grande quantité de sculpture, principalement dans la partie supérieure, où l'on voit, au-dessus des avant-corps angulaires, de beaux groupes de chevaux, et, au droit de chaque arcade, de riches trophées, dans lesquels on a fort adroitement pratiqué des lucarnes. L'un de ces trophées présente une singularité anecdotique : le sculpteur y a placé une tête de loup, qui semble regarder dans la cour ; on en a fait un rébus, d'assez mauvais goût, en mémoire de M. de Louvois. Le portique du fond de la cour est beaucoup plus large que les autres ; il sert de vestibule à l'église et aux deux principaux escaliers.

Un porche intérieur, une nef, deux bas-côtés, au-dessus desquels règnent des tribunes, un sanctuaire en hémicycle, telle est la disposition de cette première église, dont la décoration est fort simple. Elle consiste en un grand ordre de pilastres corinthiens qui supportent une voûte en plein cintre décorée d'arcs doubleaux sculptés et percée de grandes croisées, qui, avec deux autres rangs de croisées, répandent beaucoup de jour dans l'intérieur. Entre les pilastres, dix-huit arcades communiquent avec les nefs latérales, et un pareil nombre d'arcades percées au-dessus de celles du rez-de-chaussée forme les tribunes dont nous avons parlé ; l'autel n'est que provisoire : il sera sans doute refait comme il était anciennement, c'est-à-dire appliqué à celui du dôme qui lui servait de retable. On voit contre un pilier le monument, assez mesquin, élevé au comte de Guibert, mort, gouverneur des Invalides, le 8 décembre 1786. Cette église intérieure, qui nous paraît aujourd'hui d'une si grande simplicité, était naguère décorée de trophées nombreux : nous y avons vu l'épée de Frédéric, et mille drapeaux en tapissaient les voûtes. Tout a disparu ; mais l'œil seul regrette une décoration aussi pompeuse ; le cœur comprend que ces lieux seront toujours habités par des hôtes accoutumés à la victoire.

Vers le milieu des portiques latéraux de la cour royale, de grands vestibules distribuent, en face aux cuisines, à droite et à gauche à de vastes réfectoires éclairés sur des cours de service au nombre de quatre, lesquelles avec les bâtiments en aile composent le système général de distribution de l'Hôtel. Au-delà de ces divers corps-de-logis, et parallèlement à l'église, les beaux portiques prolongés en simples corridors, desservent l'infirmerie, la boulangerie, et d'autres parties importantes. Au moyen de cette ingénieuse disposition, l'architecte a su donner une grande élévation aux deux étages de la cour principale, tandis que ces mêmes étages, subdivisés en deux, se trouvent proportionnés aux cours moins étendues par lesquelles ils sont éclairés. Les logements des soldats et des officiers sont pratiqués dans ces différents étages ; mais le grand corps-de-logis, qui regarde la rivière, est spécialement affecté aux principaux officiers de la maison : l'aile gauche est occupée par le gouverneur et par l'état-major ; la droite, par les médecins et chirurgiens en chef. Dans le pavillon du milieu, au-dessus du vestibule, est une bibliothèque, qui sert aussi de salle de conseil. Cette bibliothèque n'a rien de remarquable assurément ; mais il est bon de dire que ce n'est point un établissement nouveau, comme on affectait de le répandre. Il y en avait une dès les premiers temps de la fondation de l'Hôtel ; elle était confiée aux missionnaires de Saint-Lazare, qui desservaient l'église et qui avaient leur communauté dans les bâtiments de l'ouest. Ces prêtres sont maintenant remplacés par plusieurs ecclésiastiques, dont le chef a le titre de curé, et en exerce les fonctions.

Sous les combles des bâtiments qui sont à droite, on a arrangé une quantité considérable de modèles, fort bien exécutés, qui représentent très en détail les principales fortifications de France. Cette collection précieuse n'est point de nature à être exposée indifféremment à la curiosité du public. Il faut, pour la voir une permission expresse du ministre de la guerre, et elle ne s'accorde encore que pendant un très petit nombre de jours dans l'année.

Tout est fort simple dans cet immense intérieur, si l'on en excepte les quatre réfectoires, ornés de peintures curieuses. On y voit, aux extrémités, de grands tableaux de Parrocel le père, représentant des traits de la vie de Louis XIV, et sur les murailles, Martin, élève de Van der Meulen, a exécuté, à l'huile, des tableaux de batailles, des vues de siéges, des plans de places fortes, relatifs aussi à l'histoire du fondateur. Cette décoration est on ne peut plus convenable ; nous regrettons seulement qu'elle ne s'étende pas à d'autres parties de l'édifice, où elle ferait un merveilleux effet. Pourquoi ne peindrait-on pas à fresque les fonds des doubles portiques de la cour ? Ce serait une occasion de réparer la faute qu'on a faite en perçant dans ces murs des ouvertures inutiles. On pourrait boucher ces ouvertures, ou les encadrer dans les compartiments de la composition : de grands tableaux de l'histoire militaire de la France enrichiraient singulièrement ces beaux portiques sans nuire à l'effet de leur architecture.

Le dôme a été décrit dans la première partie ; nous n'en dirons donc rien ici. La possibilité que nous avons eu de donner séparément la description de ce magnifique hors-d'œuvre, en est peut-être la critique la plus naturelle. Mais quelque inutile que puisse paraître cette seconde église, elle n'en sera pas moins pour la postérité un admirable monument de la piété de Louis XIV, et des talents de Jules Hardouin Mansard. Elle termine, du côté du midi, l'ensemble du plan des Invalides ; mais il est à présumer que l'effet en serait plus imposant, si l'on avait exécuté les colonnades et les pavillons qui entraient dans le projet général de cette église célèbre, et qui devaient lui donner des accompagnements de la plus grande richesse.

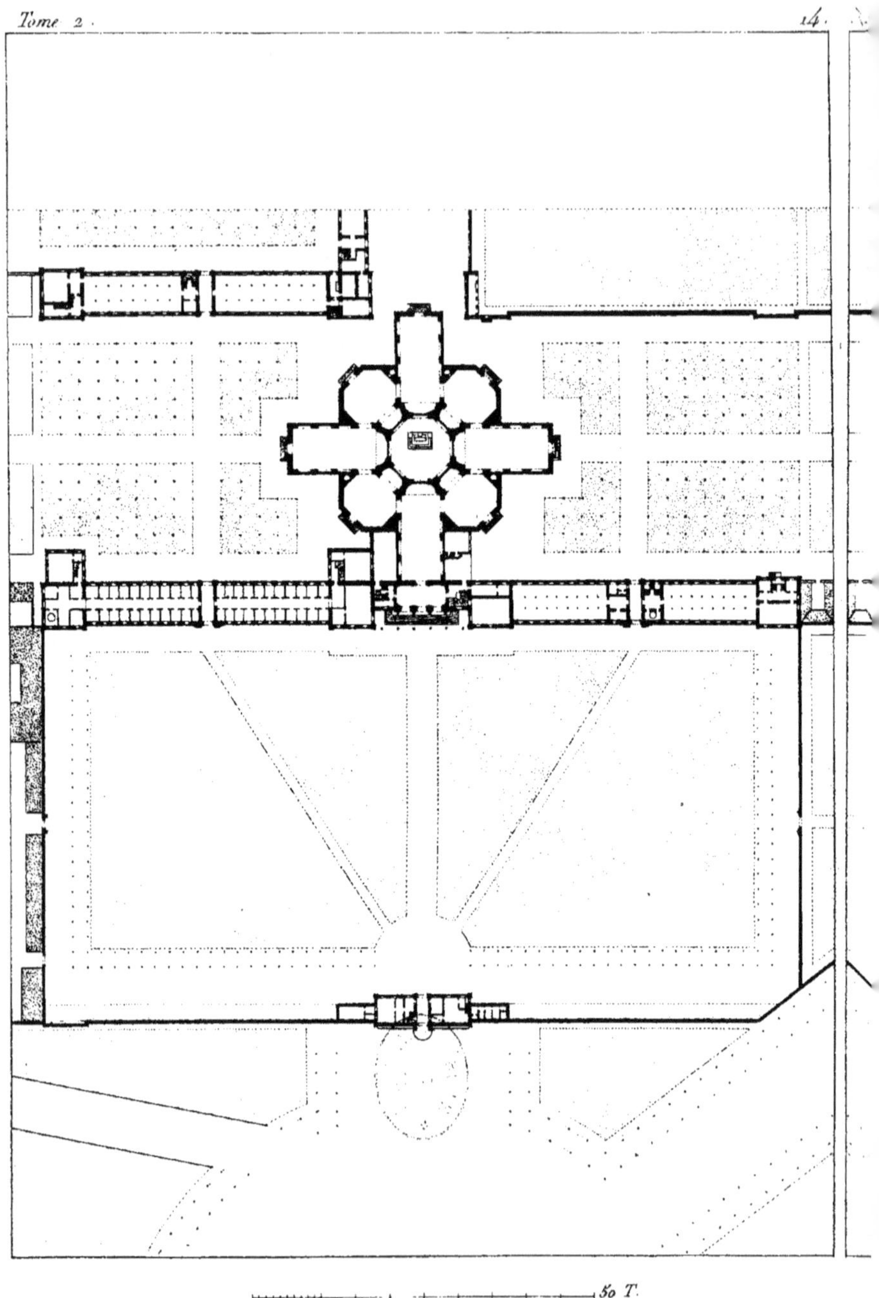

Plan de l'Hospice de la Salpétrière.

HOPITAL DE LA SALPÉTRIÈRE.

COMME la plupart des établissements de ce genre, celui-ci doit son origine au besoin urgent de remédier aux maux de la société venus à leur comble. Les troubles qui accompagnèrent la minorité de Louis XIV avaient attiré à Paris une si prodigieuse quantité de vagabonds, que quelques historiens en font monter le nombre à quarante mille. Leur audace s'étant accrue en proportion de leurs forces, ils demandaient impérieusement l'aumône, et souvent, pour l'obtenir, ils se portaient aux derniers excès. Un tel état de choses exigeait un prompt remède; mais la répression de cette multitude effrénée n'était pas sans danger sous un gouvernement encore faible. On redoutait, avec quelque raison, ces gens accoutumés depuis long-temps à se roidir contre toute autorité. Le premier président, Pompone de Bellièvre, eut le courage de vouloir les soumettre, et la gloire de réussir dans cette dangereuse entreprise. Il résolut de faire revivre un arrêt du 16 juillet 1632 que les troubles avaient laissé sans exécution, et qui ordonnait la formation d'un hôpital général. Le jeune roi applaudit au zèle du premier président, et donna, le 27 avril 1656, un arrêt confirmatif du précédent, qui portait règlement pour tout ce qui devait s'observer dans le nouvel hôpital.

Le cardinal Mazarin, le président de Bellièvre, les personnes les plus distinguées, s'empressèrent de doter cet établissement, auquel on affecta l'emplacement d'une grande maison nommée la Salpétrière, parcequ'elle servait à la préparation du salpêtre. On commença les travaux en même temps, et ils furent poussés avec une telle activité, que, le 14 mai 1657, près de cinq mille mendiants étaient déja renfermés dans ce vaste dépôt. Le nombre des individus qui l'ont habité s'est élevé depuis jusqu'à huit mille.

Cet Hôpital est aujourd'hui spécialement affecté aux femmes ; elles y forment deux classes distinctes : les femmes âgées de plus de soixante-dix ans, et les insensées. On y renfermait auparavant de jeunes orphelines et des femmes de mauvaise vie ; mais les bâtiments de la prison, qui contenaient douze cents femmes distribuées en quatre classes, ont été évacués en 1796, et l'on a transféré les détenues à S.-Lazare et aux Madelonnettes. Depuis cette époque, l'Hôpital est devenu la demeure de gens libres.

Tout ce qui tient au siècle de Louis XIV porte un caractère de grandeur qu'on ne peut méconnaître nulle part ; nous en avons déja vu plusieurs exemples, et l'hôpital de la Salpétrière est encore une preuve de la justesse de cette observation. Il a de longueur 280 toises et 194 de largeur ; sa superficie est de 54,320 toises ; les dispositions en sont grandes et belles. La façade principale au nord-ouest a 105 toises ; elle est à la suite d'une première cour qui sert de promenoir. Un vestibule, à trois arcades décorées de quatre colonnes ioniques et surmontées d'un attique, annonce l'entrée de l'église du côté qui est à l'usage du public. A droite et à gauche, quatre pavillons terminent deux longues ailes où sont les premiers dortoirs; trois rangs de croisées soutenus de plusieurs cours de plinthe forment la seule décoration de ces bâtiments, qui sont percés à leur milieu d'une arcade ajustée dans un avant-corps avec fronton. Le bâtiment de l'est est le plus ancien; il a été construit des libéralités du cardinal Mazarin, et l'on y voyait au-dessus de l'entrée les armes de ce ministre soutenues par l'Espérance et la Charité. Il est heureux que ces deux figures aient été épargnées, car elles sont assez belles; nous ignorons quel en est l'auteur. Derrière ces bâtiments, à une distance de 37 toises, il devait y en avoir deux semblables; un seul jusqu'à présent a été construit; il est du même côté, c'est-à-dire sur la gauche.

L'église est placée au milieu de cet espace, et le divise en deux cours ornées de verdure. Elle a la figure d'une croix grecque, dont les quatre branches qui forment autant de nefs, de 12 toises de longueur, se réunissent à un dôme octogone de 10 toises de diamètre, par quatre grandes arcades d'une belle proportion. Les autres côtés du dôme sont percés d'arcades semblables, qui répondent à quatre vastes salles à huit pans, situées dans les angles de la croix, et ayant chacune leur entrée particulière comme les nefs avec lesquelles elles communiquent. Le tout est couvert d'un lambris de menuiserie imitant des voûtes à plein cintre et en arcs de cloître. L'autel, placé sous le dôme, est ainsi vu, des nefs et des salles, sous huit aspects différents.

Cette église, d'une composition si simple et si originale, nous paraît un vrai chef-d'œuvre; mais à qui faut-il en faire honneur? La tradition nomme Libéral Bruant; un auteur déja ancien nous apprend que, relativement à la construction de cet édifice, les opinions sont partagées entre Bruant et Louis Le Veau. Un style ferme et mâle qu'on peut observer ici, et qu'on ne retrouve pas dans les parties analogues des Invalides, ouvrage de Bruant, nous ferait attribuer les dessins de la Salpétrière à Le Veau qui, vers cette époque, fut nommé premier architecte du Roi. La postérité est injuste d'oublier ainsi l'auteur d'un beau monument; mais elle commet une sorte de barbarie en dégradant son ouvrage, comme elle l'a fait dans cette église. Des administrateurs, à vues étroites, ont retranché la nef du fond, pour en faire un magasin, qu'ils pouvaient tout aussi bien placer ailleurs. Qu'on nous permette de signaler cette mutilation; il ne devient malheureusement que trop commun en France de voir disparaître ainsi de beaux effets d'architecture.

Nous ne décrirons rien de plus de cet Hôpital, où M. Viel a fait de grands travaux : ce sont des ouvrages fort importants, il est vrai, mais ils n'offrent que peu d'intérêt à la curiosité.

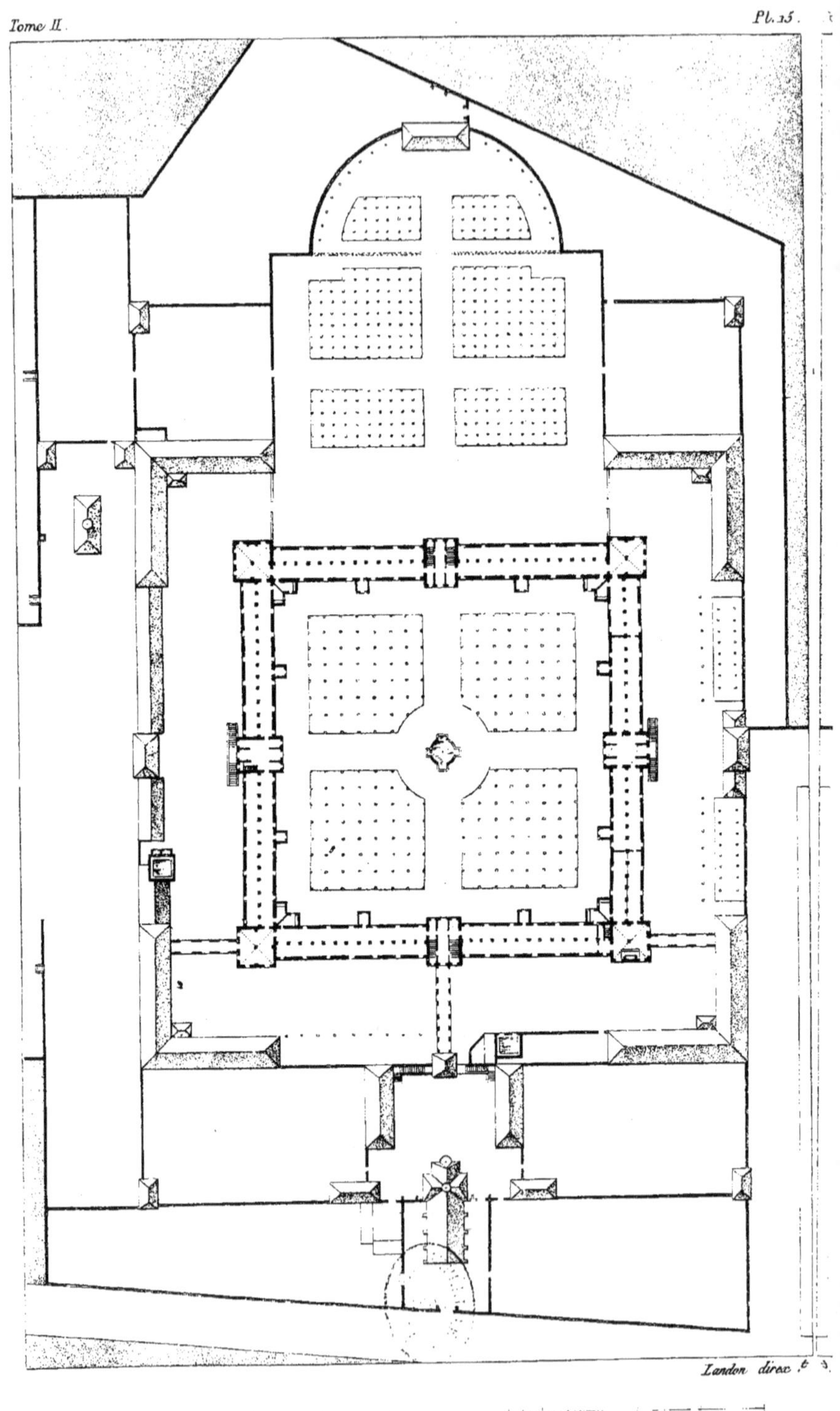

Plan de l'Hopital St. Louis .

HOPITAL SAINT-LOUIS.

Pour atteindre le but qu'on se propose dans la construction d'un édifice aussi important qu'un grand hôpital, les conditions essentielles sont une situation avantageuse, un terrain spacieux, une distribution bien entendue, qui permette la réunion de toutes les choses nécessaires au service intérieur, et une disposition telle, que ces divers départements puissent tous, sans confusion, se trouver à portée les uns des autres; toute décoration serait superflue, il suffit qu'à l'extérieur les masses soient grandes, sages et régulières.

C'est sous ces différents rapports que nous présentons ici le plan de l'hôpital Saint-Louis, comme un modèle en ce genre, et l'un des meilleurs qu'on puisse citer.

Les maladies contagieuses qui affligèrent Paris en 1606 furent la cause de cet établissement : les gens qui en étaient atteints entraient à l'Hôtel-Dieu, où l'on recevait indistinctement tous les malades; mais il en résulta de si fâcheuses conséquences, qu'un hospice particulier fut jugé nécessaire pour traiter séparément ces sortes de maladies. On choisit un endroit bien éloigné, pour lors, des quartiers populeux, et la première pierre de ce nouvel Hôpital fut posée sous l'église le 13 juillet 1607 : quatre ans et demi suffirent pour sa construction. Henri IV voulut qu'il fut mis sous l'invocation de saint Louis, en mémoire de ce roi, mort en Afrique, d'une maladie contagieuse, pendant la sixième croisade.

Cet Hôpital fut d'un grand secours après l'hiver de 1709 : le nombre des malades étant pour lors très considérable, on augmenta les bâtiments, on répara les anciens, et on mit l'édifice dans l'état où il est aujourd'hui.

Autour d'une grande cour de 52 toises en carré, servant de promenoir commun aux malades, s'élèvent quatre grands corps de bâtiment, contenant, au rez-de-chaussée, huit salles et huit pavillons. Ces huit salles ont 24 toises de longueur sur 4 de largeur et 11 pieds d'élévation : elles sont partagées en deux nefs par un rang de piliers qui soutiennent les voûtes. Les huit pavillons sont disposés au milieu et à l'extrémité des façades ; ils ont chacun 5 toises et demi en carré, et sont voûtés de la même hauteur que les salles : deux de ces pavillons renferment des escaliers ; deux contiennent des chapelles ; deux autres des chauffoirs ; les deux derniers servent de vestibules.

Le premier étage a la même étendue et la même distribution que le rez-de-chaussée, mais il est bien plus élevé ; les greniers au-dessus sont absolument vacants ; le haut des pavillons est ouvert par des lanternes pour l'épurement de l'air.

Cet hospice a conservé sa destination primitive : il renferme encore aujourd'hui un grand nombre d'individus affectés des maladies de la peau.

Indépendamment de toutes les précautions particulières, dont aucune n'a été négligée pour la perfection
de cet établissement, les dispositions générales sont
telles que le grand bâtiment qui contient les malades
est totalement isolé par une cour plantée d'arbres, qui
forme un intervalle de 16 toises entre ce bâtiment et
un premier mur de clôture.

C'est sur ce mur que sont appuyés tous les bâtiments qui renferment les logements des personnes
attachées au service des malades, les dépôts et les
magasins : près de là sont des pompes, des lavoirs, et
toutes les dépendances de ce genre.

Derrière cette première clôture règne tout au pourtour un très grand espace employé en jardins, et en
cours pour les cuisines et la boulangerie ; là se trouve
aussi le logement des gens attachés à ces différents
services ; on ne peut pénétrer dans la première enceinte pour y porter les aliments, et les personnes de
l'intérieur ne peuvent en sortir pour les recevoir : la
communication a lieu par le moyen d'un tour placé
dans un pavillon, construit à cet effet.

Ces cours et ces jardins sont encore entourés d'un
second mur de clôture, suivant les irrégularités du
terrain, mais établi parallèlement à 20 toises de distance, du côté de la principale façade : au-delà, et de
ce côté seulement, sont un verger et un jardin botanique séparés par une cour qui conduit à l'église ;
celle-ci est disposée de manière que les personnes du
dehors peuvent entrer dans la nef, et les gens de la
maison dans le chœur, sans se communiquer ; elle

est isolée, comme cela conviendrait toujours, mais c'est la seule chose qu'elle offre de remarquable.

On circule maintenant en toute liberté dans l'hôpital S.-Louis; mais nous avons voulu rendre compte des dispositions primitives, parcequ'elles sont caractéristiques d'un hôpital de ce genre.

Ce bel établissement est contenu dans un parallélogramme de 180 toises de longueur sur 120 de largeur, qui donnent une superficie de 21,600 toises. Il est le monument le plus considérable, sinon le seul, qui nous soit connu des talents de Claude Châtillon; mais il suffit pour conserver à cet architecte la réputation d'un homme fort entendu dans son art.

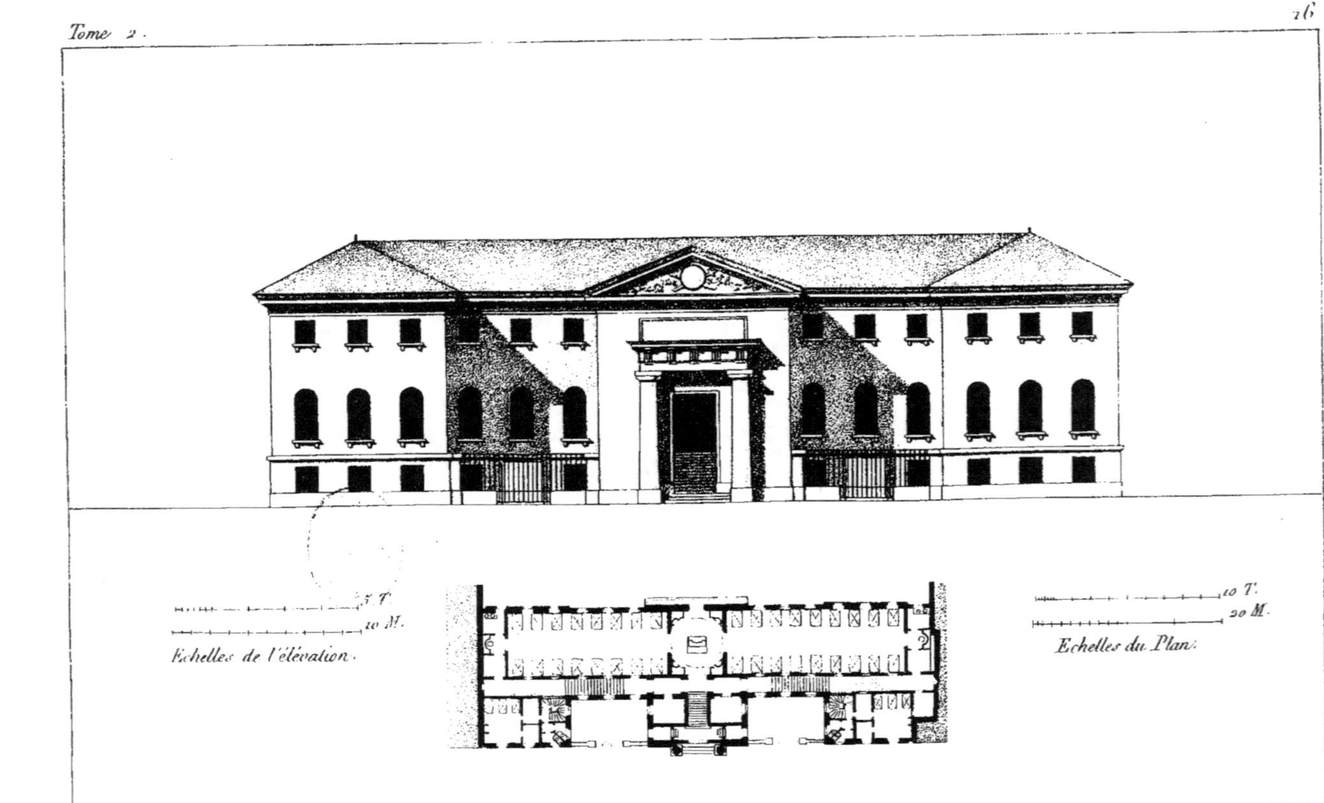
Echelles de l'élévation.
5 T.
10 M.
Echelles du Plan.
10 T.
20 M.

HOPITAL COCHIN.

L'HOPITAL Cochin portait à son origine la dénomination d'hospice de S.-Jacques, S.-Philippe-du-Haut-Pas : un juste sentiment de reconnaissance lui a donné depuis le nom de son fondateur. Ce vénérable curé de S.-Jacques l'avait fait construire en 1780 pour les pauvres de sa paroisse, et ce furent deux vieillards, un homme et une femme les plus recommandables dans la classe indigente, qui posèrent les premières assises des colonnes du portique. On tira du trésor du Val-de-Grace, pour cette touchante cérémonie, les outils précieux dont Louis XIV, enfant, s'était servi en posant la première pierre de ce riche monastère. Aujourd'hui l'on reçoit dans l'hôpital Cochin les malades de la ville sans aucune distinction de quartier.

Cet hôpital est érigé à l'extrémité du faubourg Saint-Jacques, en face de l'Observatoire. Il contient cent vingt lits. L'édifice a 24 toises de longueur et 7 toises de profondeur sur les avants-corps et les pavillons. La cuisine, la pharmacie, les bains, les réfectoires, sont au rez-de-chaussée. On trouve au premier étage une chapelle, terminée par une coupole ; elle sert de vestibule à deux salles qui s'étendent de chaque côté ; deux autres salles plus petites sont placées dans les pavillons. La distribution du second étage est semblable, à la réserve de la chapelle qui monte de fond. Cinq escaliers font le service de cette maison : le premier, dans l'avant-corps du milieu qui sert de portique à l'hospice, deux autres, dans la galerie parallèle aux salles, et les deux derniers dans les pavillons. Plusieurs galeries, ménagées aux différents étages, forment une communication à couvert entre toutes les parties du bâtiment.

Un buste, exécuté en marbre par Ch. Ant. Bridan, offre dans cette maison les traits de l'homme de bien qui l'a érigée : un nom si cher aux malheureux ne devrait-il pas se lire à l'extérieur, tracé d'une manière plus durable et plus décente?

Le plan de cet édifice est heureux, et son élévation se distingue très bien d'une simple maison particulière; elle porte un caractère de noblesse qui fait honneur à M. Viel, architecte, connu par plusieurs autres monuments justement estimés.

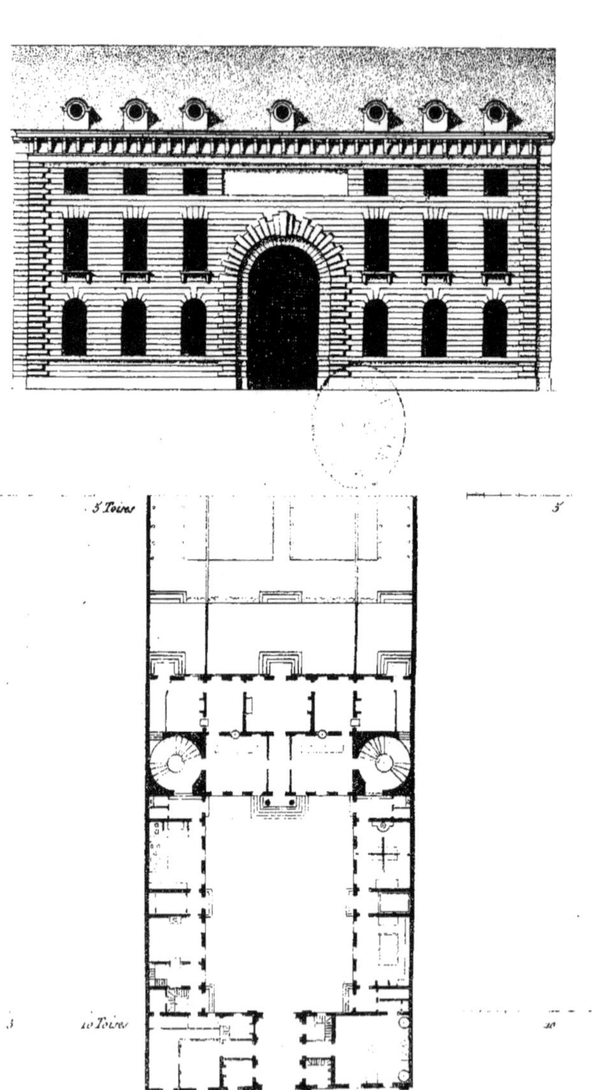

Plan et élévation de l'Hopital Beaujon.

HOPITAL BEAUJON.

HONNEUR aux hommes bienfaisants qui savent employer les dons de la fortune au soulagement du malheur : leur mémoire est conservée avec respect par la postérité.

M. Beaujon a été l'un de ces hommes, et la fondation de cet Hôpital est un des plus beaux souvenirs qu'il ait laissés. Il acheta un terrain au faubourg du Roule, et fit construire la maison à ses frais ; il la dota ensuite de 20,000 livres de rente sur l'État. Elle fut bâtie, en 1784, sur les dessins de Girardin, architecte, dont nous avons déja parlé avec éloge. L'exécution et les détails en ont été très soignés ; elle est distribuée avec intelligence, construite avec solidité, et décorée avec goût.

Le bâtiment a 16 toises de face sur 24 de profondeur, sans y comprendre le jardin. Il est élevé d'un rez-de-chaussée, de deux étages au-dessus et d'un troisième dans le comble : il contient cent lits de malades pour les deux sexes.

Le rez-de-chaussée est destiné pour les convalescents, les cuisines, les réfectoires, les salles de bains, et les autres pièces nécessaires au service. Les étages supérieurs sont distribués en différentes salles pour les malades.

La façade extérieure a pour toute décoration des joints d'appareil et un entablement assez bien profilé. Une grande arcade entourée de bossages forme l'entrée de cet édifice, et lui donne un certain caractère.

On regrette que l'hôpital Beaujon soit resserré entre des propriétés particulières, qui n'ont pas permis de lui donner plus d'ouvertures et plus d'air : on trouve encore que les étages n'ont pas assez d'élévation, et c'est un défaut grave dans un édifice de ce genre.

Le talent seul ne suffit pas pour la composition d'un grand hôpital : l'architecte habile doit agir de concert avec le médecin expérimenté, et peut-être lui sacrifier en plus d'une occasion ses propres idées. Rien n'est à négliger dans ces demeures de la douleur, où les moindres détails deviennent essentiels, puisqu'il s'agit d'épargner des souffrances aux malades, et des fatigues à ceux qui les servent. C'était aussi sur des données, fournies par une société de médecins, qu'en 1785 M. Poyet avait composé un très beau plan d'hôpital pour un emplacement de la rue de la Roquette : ce projet reçut même un commencement d'exécution ; mais les premiers troubles de cette époque le firent suspendre, et il paraît que depuis on y avait renoncé totalement. On connaît encore, du même architecte, un projet fort ingénieux d'après les vues de M. Petit, médecin, qui proposait de le bâtir dans l'île des Cygnes : il est gravé dans quelques recueils. Nous nous contentons de l'indiquer ; le décrire serait sortir des bornes que nous nous sommes prescrites.

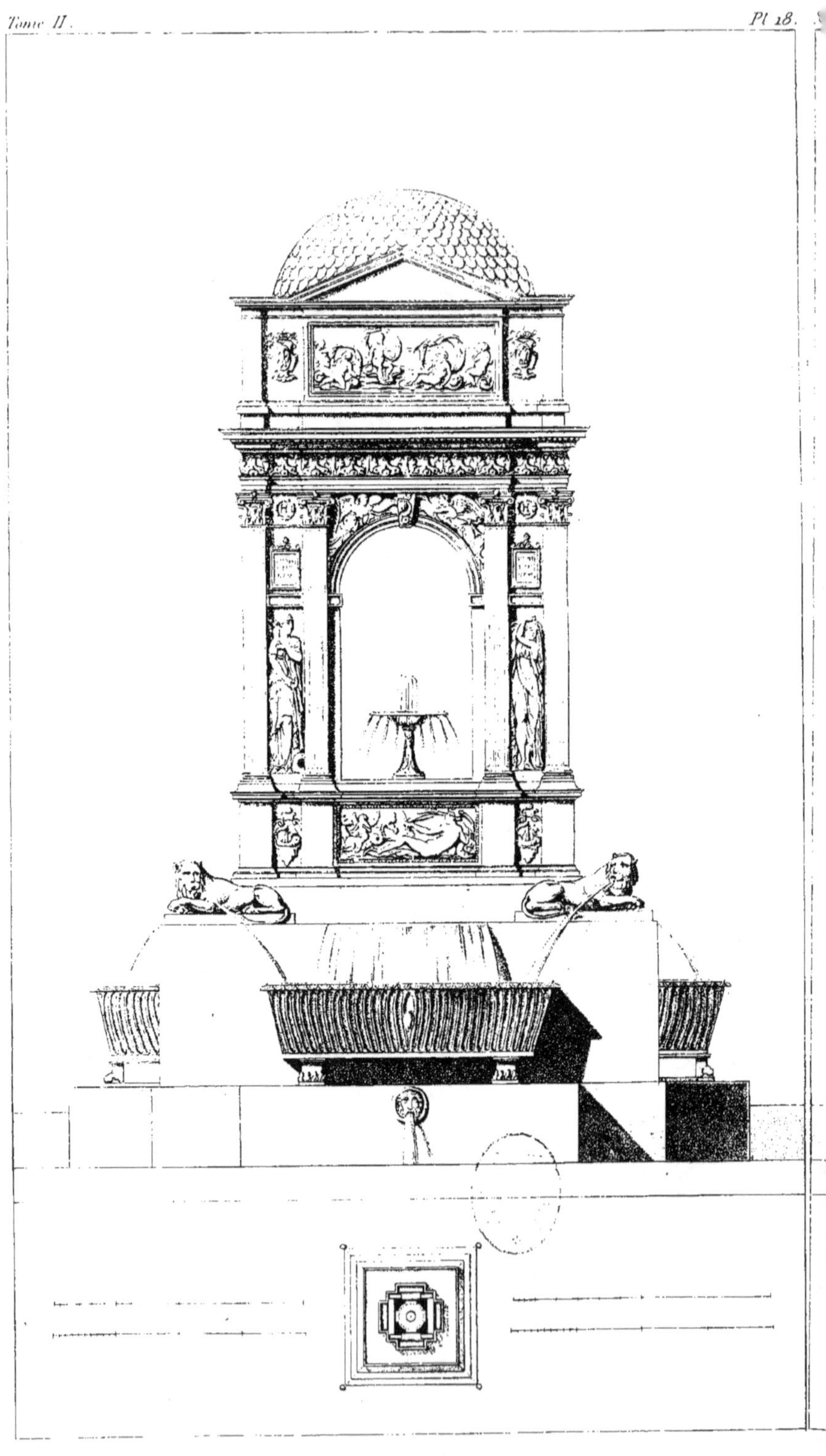

Plan et Élévation de la Fontaine des Innocens.

FONTAINE DES INNOCENTS.

Cette fontaine, l'un des plus précieux monuments de notre architecture, depuis la renaissance des arts en France, existait originairement à l'angle de la rue Saint-Denis et de la rue aux Fers. Elle fut érigée, ou plutôt refaite et décorée, en 1551, sur les dessins du célèbre architecte Pierre Lescot, abbé de Clagny. Restaurée il y a un siècle, en 1708, elle a changé entièrement de forme, quant à la masse, en 1788, et a été transportée sur l'emplacement où on la voit aujourd'hui, comme nous l'indiquerons tout-à-l'heure.

Placé à l'encoignure de deux rues, ce monument n'avait autrefois que deux faces; l'une sur la rue aux Fers, composée de deux arcades, l'autre d'une seule sur la rue Saint-Denis : chacune des arcades, accompagnée de pilastres corinthiens accouplés, avec piédestal, entablement et attique, était couronnée d'un fronton, et décorée de bas-reliefs admirables, par Jean Goujon, qui a déployé dans les cinq figures de naïades et dans les six autres sujets dont les deux faces étaient ornées, tout le charme de ses compositions, son originalité piquante et la délicatesse de son ciseau.

Peu de temps après qu'on eut démoli l'église et supprimé le cimetière des Innocents, pour en faire un marché, on sentit la nécessité d'y ériger une fontaine publique, et l'on regrettait que le chef-d'œuvre de J. Goujon, relégué à l'une des extrémités, n'offrît pas une masse applicable à la décoration de cet emplacement. Il se présentait encore d'autres difficultés : une idée heureuse vint les aplanir. M. Six, architecte, proposa au baron de Breteuil, alors ministre de Paris, de donner une autre forme au plan de cette fontaine, et de la reconstruire au centre de la place, sans rien changer à sa décoration, en ajoutant une quatrième face semblable aux trois premières dont on avoit déja tous les matériaux.

Cette idée offrait la facilité d'isoler avec grace, et sans beaucoup de dépense, un monument qui méritait d'être conservé; elle fut accueillie, et valut une récompense à l'artiste. L'exécution en ayant été concertée entre M. Poyet, alors architecte de la ville, et MM. Legrand et Molinos, architectes des monuments publics, la fontaine fut démontée, transportée et reconstruite, sans que la sculpture en souffrît la plus légère atteinte. Il fallait ajouter trois nouvelles figures et deux autres bas-reliefs à ceux qui existaient deja de la main de Jean Goujon : M. Pajou fut chargé de cet ouvrage, et sut se conformer au style de son modèle; son travail eut du succès. Les lions du soubassement, les vasques et les autres ornements furent partagés entre MM. L'huilier, Mézières, et Daujon.

La planche XVIII présente le monument dans son nouvel ensemble : il est voûté, et la coupole, couverte en cuivre, est formée en écailles de poisson. Comme il a été exhaussé et qu'il pose sur un socle et sur des gradins qui l'élèvent beaucoup au-dessus du sol, sa hauteur actuelle est de 46 pieds environ.

Les gens de goût ont jugé cette production l'honneur de notre École: l'harmonie que l'on y voit régner entre l'architecture et la sculpture fait également l'éloge des deux artistes qui ont réuni leurs moyens pour la composition et pour l'exécution de ce monument, comparable peut-être à tout ce que l'antiquité nous a laissé de plus parfait. Ce n'est pas sa grandeur qui en fait le mérite, puisqu'il est fort petit ; ce n'est pas non plus sa richesse, puisqu'il est simplement en pierre ; c'est donc seulement la beauté du travail et l'accord du tout ensemble. On reconnaît, avec un nouveau plaisir, dans son ordonnance, le goût pur et exquis du premier architecte du Louvre : les ornements y sont distribués avec intelligence et sobriété, et leur exécution, sans être aussi parfaite que celle des figures, se lie harmonieusement avec toutes les parties de l'édifice.

Le caractère de la sculpture de Jean Goujon est remarquable par l'élégance des formes, la simplicité du contour, la grace du mouvement, l'agencement des draperies, dont les plis sont très fins, et sous lesquels le nu se distingue avec un charme particulier. Le travail a peu de saillie, comme dans les bas-reliefs grecs et dans quelques camées antiques, qu'il semble que J. Goujon ait pris pour modèle de légèreté et d'exécution.

Un poëte, doué d'une vive imagination et sensible à la beauté des ouvrages de l'art, Santeuil, crut faire l'éloge de ce chef-d'œuvre en composant ces vers qu'on y avait inscrits en 1689 :

Quos duro cernis simulatos marmore fluctus
Hujus Nympha loci credidit esse suos.

Ils sont d'une latinité fort élégante sans doute, mais la pensée qu'ils renferment n'a rien de bien flatteur pour l'artiste, et manque même de justesse, car il n'est pas au pouvoir de la sculpture d'imiter les eaux avec vérité. La nouvelle disposition de la fontaine n'a pas permis d'y conserver ce distique. On y lit toujours cette inscription : FONTIVM . NYMPHIS, répétée sur les quatre faces; elle nous semble de beaucoup préférable par son exactitude et sa simplicité. Ce monument est en effet une grotte consacrée aux nymphes des fontaines; elles sont venues l'habiter, amenées par le génie de J. Goujon, et ces divinités bienfaisantes ne cessent d'en épancher leurs liquides trésors.

1 2 3 4 5 Toises

1 2 3 4 5 Toises

5 10 Mètres

5 10 Mètres

Landon dirext.

FONTAINE DE GRENELLE.

—

On a toujours beaucoup vanté cette fontaine, qui mérite sa réputation sous plus d'un rapport. Elle offre à-la-fois un monument utile, et un édifice élégant où l'architecture et la sculpture semblent se disputer l'avantage de captiver l'œil du spectateur.

La fontaine de Grenelle, construite sur un terrain qui faisait autrefois partie d'un couvent de religieuses, fut érigée sur les dessins et sous la conduite d'Edme Bouchardon, sculpteur célèbre, qui lui-même a exécuté toutes les figures, tous les bas-reliefs, et même quelques uns des ornements dont elle est décorée. Elle fut achevée en 1739 : elle s'élève à la hauteur de 6 toises, sur un plan demi-circulaire, de 15 toises de largeur, et présente, sur un double soubassement, une ordonnance de pilastres et de niches, avec un entablement surmonté d'un acrotère. L'avant-corps qui occupe le milieu de la façade se compose de quatre colonnes ioniques accouplées et couronnées d'un fronton. La figure assise sur un piédestal est celle de la ville de Paris ; un peu au-dessous et de chaque côté sont un Fleuve et une Nymphe, la Seine et la Marne, appuyés sur leur urne et couchés au milieu des roseaux : ces trois figures sont en marbre blanc. L'eau

sort par deux mascarons fixés sur la partie avancée
du soubassement. Les figures en pierre de Tonnerre
qui ornent les niches, représentent les quatre Saisons,
désignées par divers attributs, et particulièrement
par des bas-reliefs placés au-dessous.

Cet édifice ne porte pas un grand caractère d'architecture; mais, comparé aux bâtiments d'un goût
mesquin et bizarre élevés par les contemporains
de Bouchardon, il offre une certaine pureté de
style que l'on ne trouve point dans les productions
du siècle de Louis XV. On doit convenir cependant
que, dépouillé de sa sculpture, ce monument serait
d'un médiocre intérêt; il aurait trop l'aspect d'une
habitation particulière. L'élévation exagérée du soubassement rapetisse l'ordre et le fait paraître grêle;
et la décoration générale n'indique pas plus une fontaine que tout autre édifice. Pour faire valoir cette
composition si renommée et la rajeunir en quelque
sorte, il faudrait y ajouter de grands effets d'eau, et
substituer aux flots de marbre quelques nappes tom-
bantes, quelques bouillons jaillissants, qui avertissent
le spectateur que tout ce luxe n'est point une vaine
décoration, mais une fontaine consacrée à l'utilité
publique.

Plan et élévation de la Fontaine de l'École de Chirurgie.

FONTAINE

DE L'ÉCOLE DE CHIRURGIE.

DÈS que l'École de Chirurgie fut construite, on sentit tout l'avantage d'une place qui, en facilitant l'accès de ce bel édifice, pût encore en faire ressortir la noble architecture. Mais un obstacle invincible s'opposait alors à l'accomplissement des vœux du public; l'église des Cordeliers était située dans cet endroit, et l'on était bien loin de prévoir les causes qui depuis en ont permis la démolition.

Maintenant cette place existe : elle n'offrait, il est vrai, qu'un local irrégulier, lorsqu'on a commencé à la décorer, il y a environ douze ans, en construisant vis-à-vis de l'École la fontaine dont nous donnons ici la gravure.

Quatre colonnes d'ordre dorique, de proportions fort agréables, supportent un entablement mutulaire dont la composition un peu capricieuse a néanmoins de la grace et de la légèreté : au-dessus s'élève un attique orné d'une grande table renfoncée qui doit recevoir une inscription. Entre les colonnes on aperçoit une vaste niche cintrée, du sommet de laquelle s'échappe et tombe en cascade un volume d'eau considérable; il remplit un bassin demi-circulaire, et se divise ensuite d'une manière commode pour l'usage, au moyen d'un mécanisme très ingénieux.

Des constructions latérales, déja commencées, et propres à former des habitations particulières, semblent annoncer une décoration uniforme adoptée pour les bâtiments qui doivent entourer cette place. Elles rappellent les proportions des masses et les principales lignes de la façade de l'École, et c'est en prévoyant le futur effet de ces accessoires importants qu'on se félicite de ce que leur disposition a été remise aux talents de l'auteur même du monument capital. Une telle fortune n'arrive point à tous les artistes : M. Gondouin en a profité, et il a su la faire tourner en même temps à sa propre gloire et à l'embellissement de la ville.

Il est donc bien à desirer, pour les amis des arts, qu'en achevant le pourtour de la place, on ne s'écarte pas de cette simplicité savante, qui fera valoir toute la richesse des parties auxquelles elle servira de contraste ; nous aurons ainsi un ensemble parfait, une place régulière, et des édifices symétriques sans monotonie.

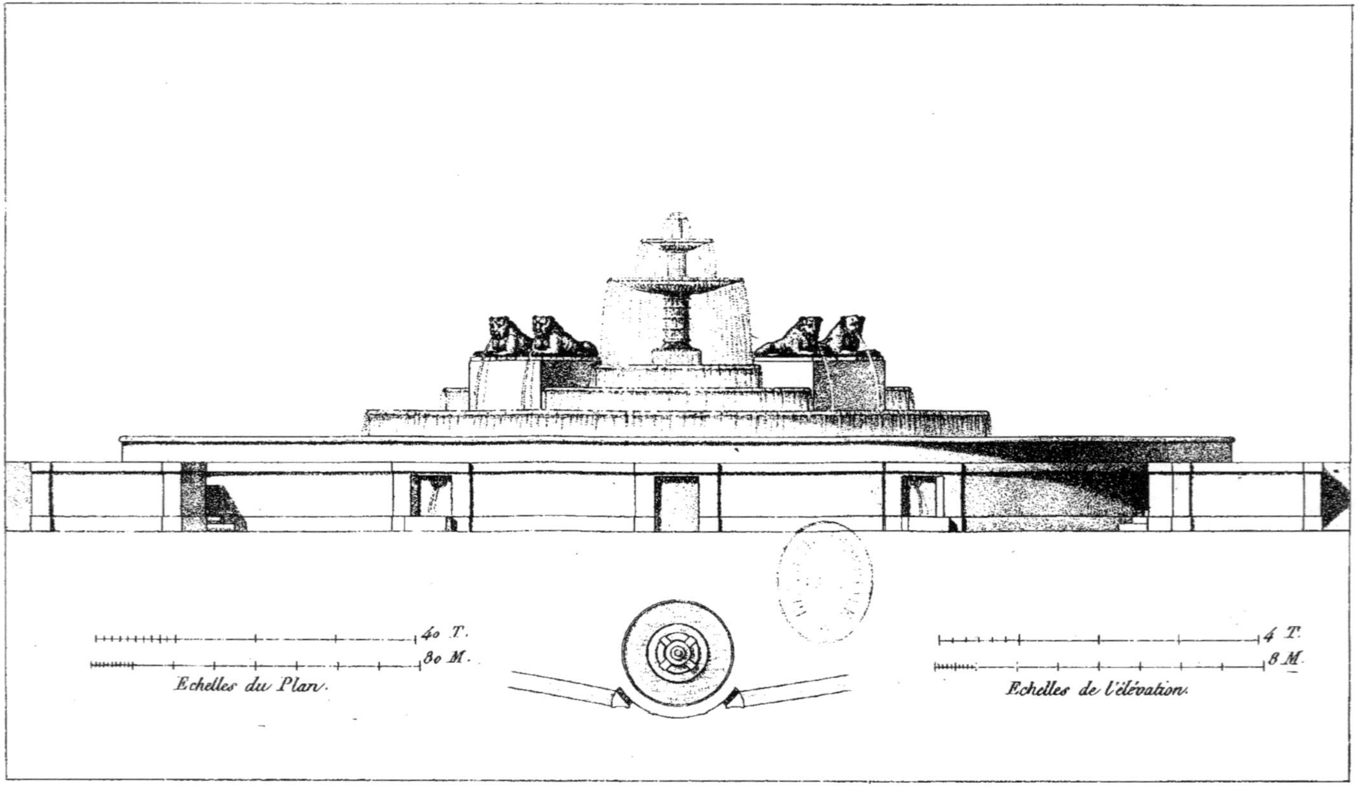

40 T.
80 M.
Echelles du Plan.
4 T.
8 M.
Echelles de l'élévation.

CHATEAU D'EAU

DU BOULEVART DE BONDY.

C'est une bien belle promenade assurément que cette triple allée d'arbres qui forme les vieux boulevarts, et qui s'étend depuis le pont du Jardin du Roi jusqu'à celui de Louis XVI; mais dans ce long trajet de 3500 toises, l'œil fatigué du promeneur cherchait en vain pour se récréer quelques fontaines dont les eaux jaillissantes vinssent animer la verdure un peu triste de ces ormes immobiles. La facilité de disposer des eaux de l'Ourcq a fait naître dernièrement l'idée d'exécuter de distance en distance des fontaines monumentales dans toute la longueur des boulevarts.

Une seule jusqu'à ce jour, mais versant l'eau à profusion, a été achevée en 1811 : elle décore l'esplanade qui est entre la porte S.-Martin et la rue du faubourg du Temple, et forme un point de partage d'où les eaux du canal de l'Ourcq vont alimenter les fontaines du quartier. C'est pour cela qu'on lui a donné le nom de Château d'eau, bien que l'aspect de ce monument n'en justifie pas tout-à-fait la dénomination.

Au milieu d'un bassin circulaire s'élèvent successivement en gradins trois autres bassins concentriques, qui servent de base à une double coupe en fonte de fer, composée d'un piédouche et de deux patères inégales, séparées l'une de l'autre par un fût. Au bas de cette coupe, et au niveau de la cuvette supérieure, quatre socles carrés supportent chacun deux lions de fer qui jettent de l'eau par la gueule. On conçoit, d'après cela, comment les eaux viennent jouer sur cet appareil : elles s'échappent en bouillons au centre de la vasque la plus élevée, et s'étalent dans leur chute en formant cinq nappes bien fournies qui recouvrent presque toutes les surfaces de l'édifice. Plus bas, du côté de la rue de Bondy, deux niches carrées, pratiquées dans le soubassement, servent de fontaines particulières pour la consommation de ce quartier.

L'ordonnance générale de ce Château d'eau ne mérite pas toutes les critiques qu'on en a faites : elle se lie par la position à un ensemble de plan bien conçu, et le motif d'ajustement qu'elle rappelle a toujours réuni les suffrages des artistes. Plus d'habitude à étudier et à combiner les lignes de l'architecture aurait peut-être engagé M. Girard, cet habile ingénieur du canal de l'Ourcq, à placer isolément les huit lions autour des bassins supérieurs de sa fontaine. Leur disposition actuelle interrompt trop la continuité des chutes d'eau, et la division de ces quatre masses aurait fait prédominer davantage la double vasque dont l'effet semble un peu mesquin au milieu de ces lourds accessoires.

ÉCOLE MILITAIRE.

———

Par un édit du mois de janvier 1751, Louis XV déclara que, voulant donner à la noblesse de nouvelles preuves de son affection, il fondait une école pour l'éducation de cinq cents jeunes gentilshommes dont les pères, après avoir sacrifié leur fortune pour la défense de la patrie, ne pouvaient élever leurs enfants de manière à les rendre utiles à leur pays et à leur famille. Le même édit portait que l'on choisirait de préférence ceux qui, ayant perdu leur père à l'armée, étaient censés devenir les enfants de l'état. Bientôt on vit s'élever, sous le titre d'École royale militaire, un hôtel assez spacieux pour recevoir, non-seulement les cinq cents élèves, mais encore un grand nombres d'officiers et de maîtres en tous genres. On avait désigné pour cet édifice un vaste terrain dans la plaine de Grenelle, à proximité de l'hôtel des Invalides: Gabriel, premier architecte du roi, fut chargé d'en faire les dessins, et d'en diriger l'exécution.

On reconnaît à l'inspection du plan (pl. XXII) que toute l'étendue des bâtiments, cours et jardins, est comprise dans un parallélogramme de 220 toises de largeur sur 130 de profondeur, entouré de grandes plantations d'arbres en forme d'avenues : l'entrée principale de la maison est du côté de la ville, l'entrée opposée est par le Champ-de-Mars.

Deux cours, dont la première a 70 toises en carré, et la seconde environ 45, précèdent le principal corps de bâtiment : le reste consiste en cours adjacentes, jardins, et constructions d'un goût plus simple, pour tous les besoins de ce vaste établissement.

Une machine hydraulique, posée sur quatre puits, fait mouvoir quatre pompes, et fournit à la maison 44 muids d'eau par heure.

On remarque sur les deux faces des bâtiments en aile qui s'avancent jusqu'à la première grille, deux frontons ornés de peintures en grisaille à fresque, par M. Gibelin ; l'effet du bas-relief y est bien imité. Ces peintures, exposées à l'air, n'ont souffert aucune altération. La première, à droite, représente deux athlètes, dont l'un arrête un cheval fougueux ; la seconde, à gauche, est une allégorie de l'étude, accompagnée des attributs des sciences et des arts. Au milieu de la cour d'honneur on voyait autrefois la statue pédestre de Louis XV, par Lemoine ; elle est conservée au dépôt des Petits-Augustins.

Le principal corps de bâtiment du côté de la cour est décoré d'un ordre de colonnes doriques, surmonté d'un ordre ionique ; au milieu s'élève un avant-corps d'ordre corinthien, dont les colonnes embrassent les deux étages : il est couronné d'un fronton et d'un attique.

10   20   30 Métres.

5   10   15 Toises.

Landon direx.t

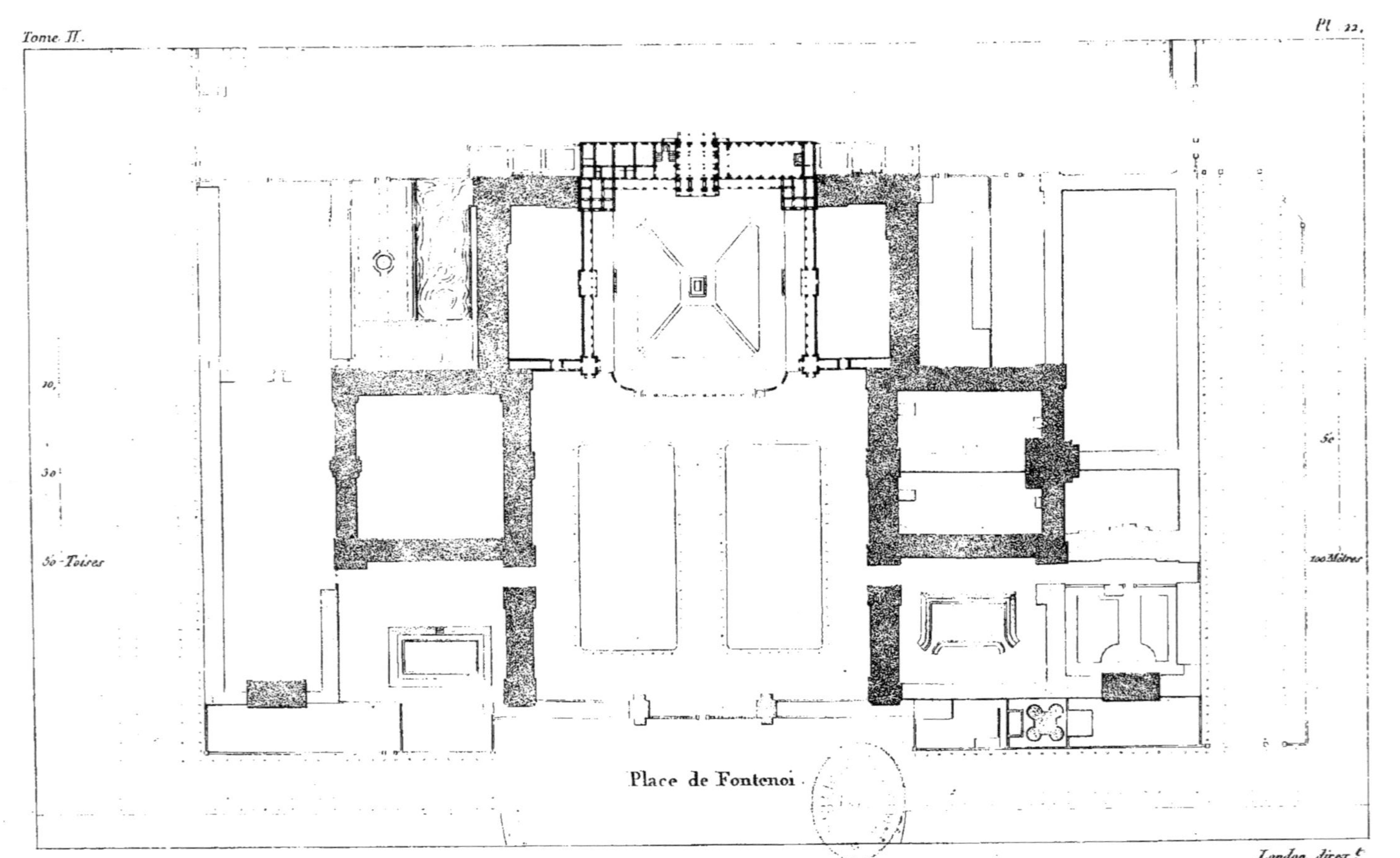

Tome II.
Pl. 22.
50 Toises
100 Mètres
Place de Fontenoi
Landon direx.t

La façade du côté du Champ-de-Mars (pl. XXIII)
est décorée d'un seul avant-corps de colonnes corinthiennes semblable au précédent. Au centre est un
vestibule à quatre rangs de colonnes d'ordre toscan,
ouvert de trois portes sur les deux faces : on y voyait
les statues du maréchal de Luxembourg, par Mouchy; de Turenne, par Pajou; du Grand Condé, par
Rolland; et du maréchal de Saxe, par d'Huez. Ces
quatre figures n'ont point été détruites; transportées
d'abord au Louvre, dans la salle des Caryatides, elles
viennent d'être placées définitivement dans une autre
salle du même palais.

Au premier étage, la salle du conseil et quelques
autres salles ont été ornées de tableaux représentant
les batailles de Fontenoy et de Lawfelt, les siéges de
Tournay, de Fribourg, de Menin, d'Ypres et de
Furnes, peints par Lagrenée l'aîné, Beaufort et Doyen.
Toute cette décoration intérieure a subi des changements considérables, commandés par la nouvelle
destination de l'édifice, qui forme maintenant une
caserne de cavalerie pour la Garde Royale. Mais son
extérieur, son beau plan, ses alentours, ses nombreuses issues, font le plus grand honneur à l'architecte, et ne permettent guère de critiquer autre
chose que quelques défauts qui tiennent au goût du
temps.

En 1768, le duc de Choiseul, ministre de la guerre,
ayant ordonné la construction d'un observatoire dans
cet hôtel, Jérôme de Lalande, qui en fut chargé,
proposa d'y établir un grand quart de cercle mural,

instrument qui manquait encore à l'observatoire du faubourg Saint-Jacques. Après de nombreuses oppositions de la part des ministres qui se succédèrent, ce célèbre astronome obtint, en 1774, l'objet de sa demande; mais il éprouva encore de nouvelles contrariétés; l'observatoire qu'il venait de faire élever fut démoli, et ce ne fut qu'en 1788 qu'il lui fut permis de le faire reconstruire. Le maréchal de Ségur, alors ministre de la guerre, l'autorisa de plus à faire toute la dépense nécessaire pour porter l'instrument à sa perfection. Lalande a fait exhausser de deux petits étages une partie du bâtiment en aile, à gauche de la première cour; il a fait construire un massif pour porter une lunette, et dans la direction du méridien un mur pour recevoir le quart de cercle mural. Ces deux beaux instruments, et quelques autres servant aux observations des savants, y sont placés sous la surveillance particulière d'un astronome.

5   10 Mètres   5 Toises

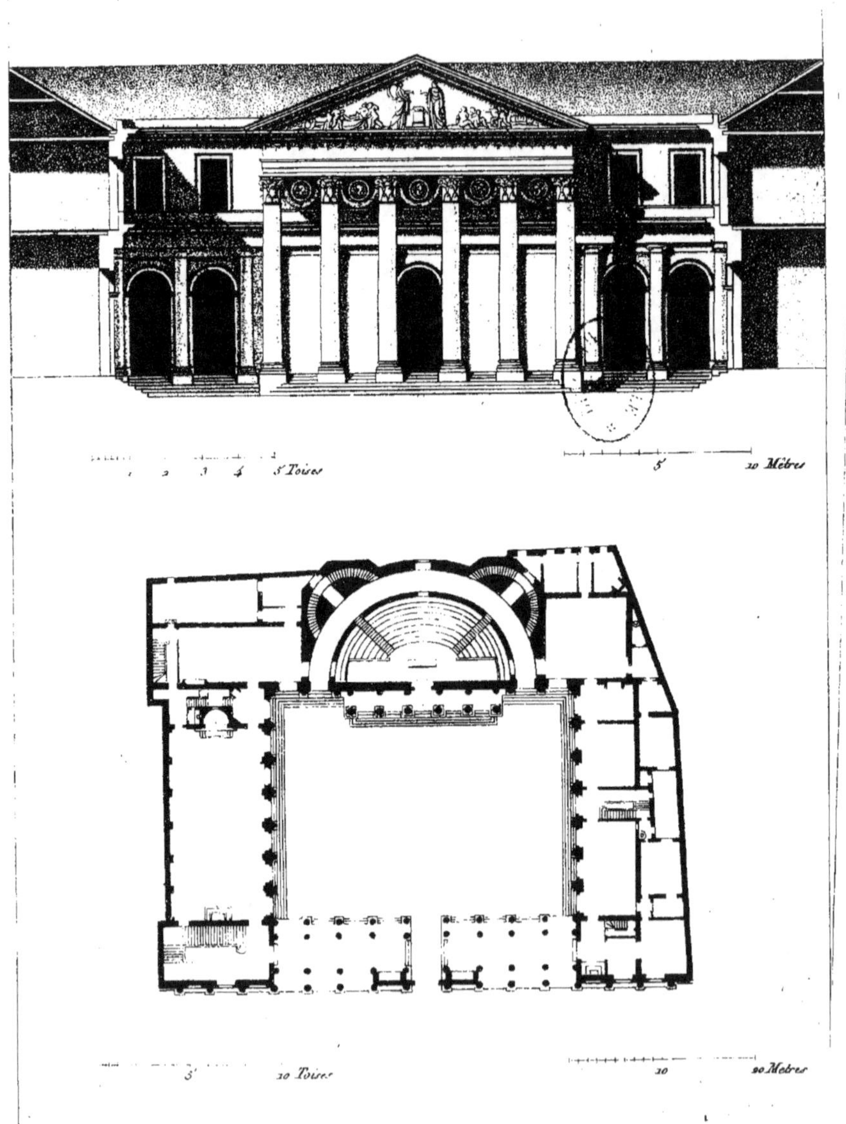

Plan de l'École de Chirurgie et élévation du côté de la Cour.

ÉCOLE DE CHIRURGIE.

La médecine, la chirurgie et la pharmacie ne furent dans le principe que les parties d'une même science, professées par les mêmes hommes; mais l'étude en ayant considérablement étendu les limites respectives, chacune de ces parties devint une branche particulière de l'art de guérir, et forma une profession séparée. Cette division était simple; elle aurait pu contribuer à l'avancement de la science, si des préjugés scholastiques ne s'y fussent opposés. Pendant plusieurs siècles, la chirurgie et la pharmacie furent considérées comme des professions mécaniques; et pour ne parler ici que de la chirurgie, il n'est pas étonnant qu'une telle manière de voir en ait retardé les progrès. Mais une raison plus éclairée faisant succéder à cette espèce de mépris l'estime la mieux fondée, on comprit enfin qu'un art aussi utile devait être puissamment encouragé, et qu'il lui fallait, pour en étendre la connaissance et la pratique, un établissement digne en tout point de son objet.

L'amphithéâtre où se tenaient les cours de chirurgie, rue des Cordeliers, et où, depuis, on a formé l'école gratuite de dessin, était beaucoup trop resserré. Lamartinière, premier chirurgien de Louis XV,

obtint l'emplacement du collége de Bourgogne, situé
dans la même rue ; il fut démoli, et l'on construisit
sur le même terrain l'École actuelle de chirurgie.
Ce monument fut commencé en 1769 ; il fit une
grande réputation a M. Gondouin, qui ne s'était
encore fait connaître par l'exécution d'aucun édifice
important.

Un style pur, simple, soigné, et bien différent de
celui qui était alors usité, fixa tous les regards, réunit
tous les suffrages. On y reconnut la majesté de l'architecture romaine, dépouillée de ses riches superfluités,
et rapprochée de la simplicité grecque.

Cet édifice se compose de quatre corps de bâtiment,
formant une cour de 11 toises de profondeur, sur 16
de largeur : la façade sur la rue en a 33. Un péristyle
de quatre rangs de colonnes réunit les deux ailes. Le
bâtiment du fond est un amphithéâtre ; il est éclairé
du haut, et peut contenir douze cents personnes.

Dans les deux ailes sont placées les diverses salles
de démonstration et d'administration. Au premier
étage sur la rue est un grand cabinet d'anatomie humaine, à la suite duquel se trouvent une pièce où
l'on a formé une collection de tous les instruments
de chirurgie, un cabinet de pièces anatomiques, mo-
delées en cire, et une bibliothèque publique.

La décoration extérieure consiste, dans toute l'é-
tendue de la façade et au pourtour de la cour, en un
ordre ionique qui n'excède pas la hauteur du rez-de-
chaussée. Au fond de la cour est un péristyle de six
colonnes corinthiennes d'un plus grand modèle, cou-

ronné d'un fronton. Le bas-relief du tympan, par M. Berruer, représente la Théorie et la Pratique qui se donnent la main sur un autel. Il rappelle le goût de l'antique dans sa composition, mais le faire n'en est pas très correct.

Sur le mur du fond de ce péristyle, dans la partie la plus élevée, se voient, en cinq médaillons, les portraits de J. Pitard, A. Paré, G. Maréchal, F. de La Peyronnie et J.-L. Petit, chirurgiens célèbres : ces médaillons sont entourés de guirlandes de chêne.

Le mérite de ce péristyle, bien supérieur à tous ceux de la capitale, consiste principalement dans le juste rapport des parties avec l'ensemble. Les colonnes posent sur quelques marches élevées au-dessus du sol de la cour, et ne sont point anéanties, comme on peut le remarquer dans le célèbre péristyle du Louvre, par un soubassement d'une hauteur excessive. La masse de l'entablement et du fronton qui le couronne ne présente pas, comme au péristyle de Sainte-Geneviève, dont les colonnes sont trop espacées, un poids énorme qui fatigue l'œil ; ici, les colonnes étant serrées, on voit qu'elles supportent sans peine le couronnement de cet élégant édifice.

Le grand bas-relief au-dessus de la porte d'entrée sur la rue, de la même main que le précédent, représente, en style allégorique, le Gouvernement accordant des graces et des priviléges à la Chirurgie ; il est accompagné de la Sagesse et de la Bienfaisance : le Génie des arts lui présente le plan de l'École.

L'architecte a employé dans l'intérieur du monument un genre de décoration qui remplace avantageusement la sculpture, la peinture à fresque. On voit au fond de l'escalier la figure d'Hygie, déesse de la santé, peinte par M. Gibelin; dans une grande salle du rez-de-chaussée, le même artiste avait représenté la Pharmacie, l'Ostéologie, la Botanique, la Myologie, la Pathologie, l'Angéiologie : ces peintures ainsi qu'une statue de Louis XV, par Tassaert, ont disparu.

Un grand morceau du même peintre orne l'amphithéâtre : c'est un sujet allégorique, exécuté en clair-obscur, ou grisaille, qui retrace l'origine et les bienfaits de l'art de guérir, ainsi que les nobles encouragements qui lui sont offerts par le souverain. Au-dessous de ce tableau sont les bustes des deux fondateurs de l'académie de Chirurgie, La Peyronnie et Lamartinière ; ils sont de la main de Lemoine.

Il y a peu d'édifices aussi heureusement pensés que celui-ci ; et si toutefois on trouve quelque chose à desirer dans certains détails de la décoration extérieure, la critique se tait devant la beauté de l'ensemble. Ce bâtiment, autrefois placé dans une rue étroite, est aujourd'hui sur une place assez grande pour lui donner tout son effet. M. Gondouin, qui l'érigea, vient d'en orner les abords par une fontaine dont nous avons précédemment donné la description. Espérons que cet artiste, par l'achèvement de cette place, pourra jouir lui-même de sa renommée tout entière.

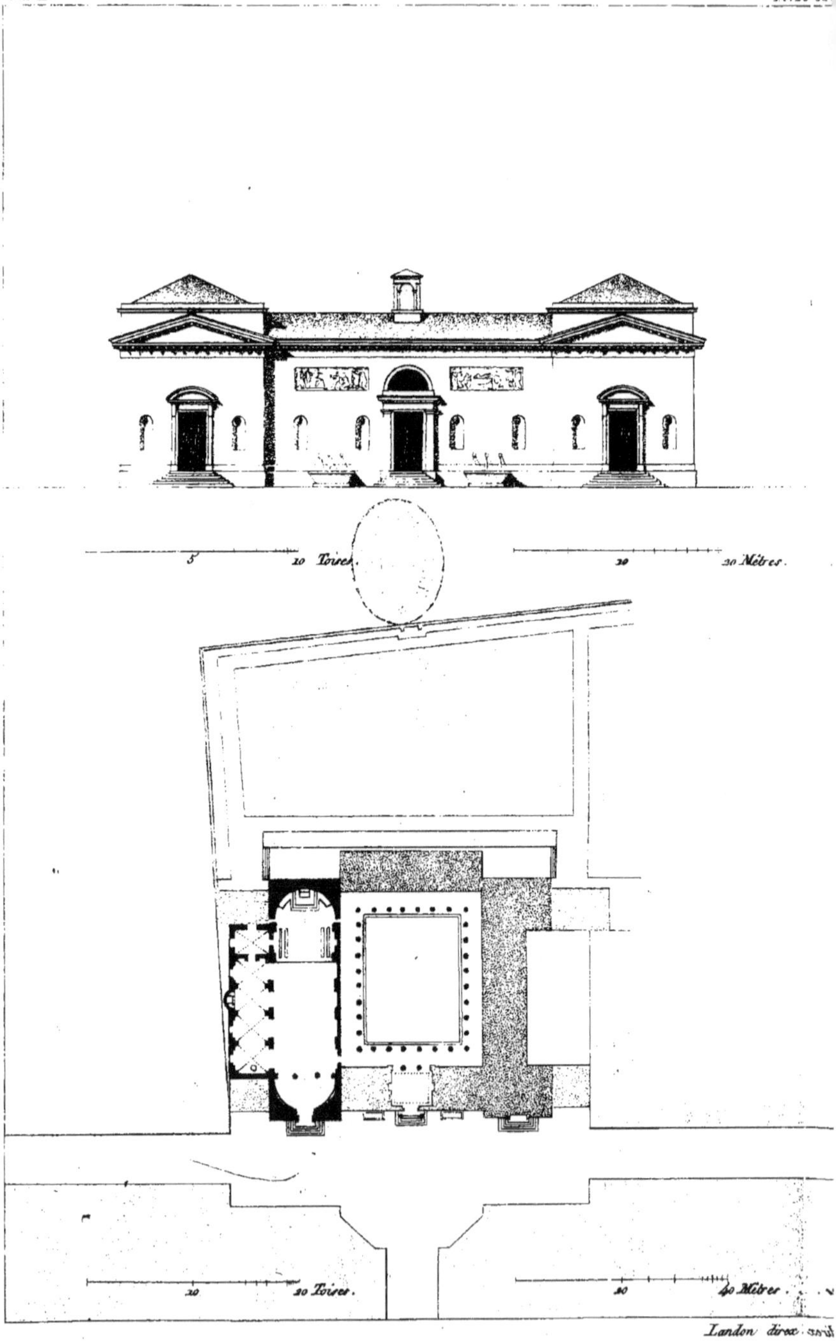

Plan général et élévation du Lycée Bourbon.

LYCÉE BOURBON.

DANS l'organisation actuelle de l'Université, les lycées remplacent les anciens colléges ; ils sont au nombre de quatre pour Paris : tous occupent de beaux édifices ; mais nous choisissons celui dont l'ensemble est le plus satisfaisant.

Le lycée Bourbon, rue Neuve-Sainte-Croix, est placé dans l'ancien couvent de Capucins, bâti par Brongniart en 1781. Lorsqu'il fut question d'y faire, en 1800, les changements nécessaires pour le nouvel établissement, le même architecte en dirigea les travaux, et il eut l'habileté de le faire sans altérer sa pensée primitive.

L'édifice consiste en quatre corps de bâtiment qui entourent un péristyle carré. Celui que l'on voit à gauche est l'église, aujourd'hui la paroisse de l'arrondissement, sous le vocable de S. Louis. L'entrée du péristyle, autrefois le cloître, est un vestibule percé de trois entre-colonnements, au travers desquels on aperçoit quatre files de colonnes doriques : elles portent des terrasses qui forment un promenoir continu, à la hauteur du premier étage.

La façade sur la rue a 27 toises de largeur, y compris le portail de l'église, et environ 7 de hauteur.

Ce monument, fort bien composé pour un couvent de pauvres religieux, conserve encore un caractère convenable pour un collége. Il se fait remarquer par la beauté des proportions et la sagesse de la décoration. La façade présente aux extrémités deux pavillons en avant-corps, et n'offre d'autres ouvertures que trois portes. Celle du milieu donne entrée au vestibule qui conduit à la cour. Les deux pavillons sont couronnés d'un grand fronton et d'un petit attique. Le surplus de la façade est décoré de huit niches destinées à recevoir des figures, et de deux renfoncements où doivent être replacés deux bas-reliefs. Au-dessous sont deux grandes cuvettes qui reçoivent l'eau par des mascarons, et forment des fontaines publiques.

Collége ou couvent, cet édifice est une des meilleures productions de Brongniart. Il annonce un génie facile, et ce talent, fruit de l'expérience, qui sait se varier et se rendre maître des circonstances et des localités. Ses formes sont gracieuses, ses profils sont purs. L'église porte le même caractère : son intérieur est décoré d'une ordonnance dorique ; des joints d'appareil sont tracés sur toute la surface des murs et des voûtes, et cette simple décoration est faite avec beaucoup d'intelligence et de goût.

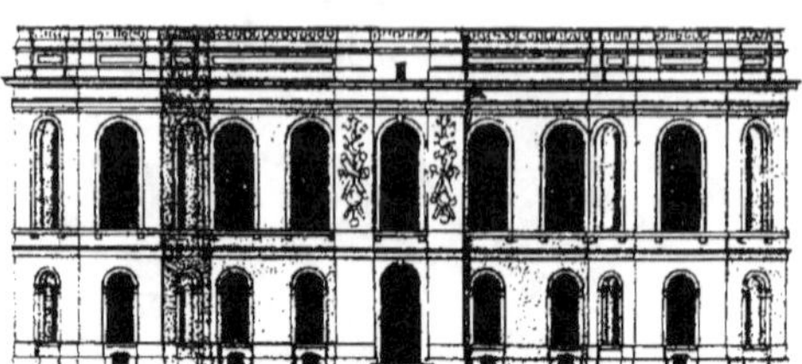

Élévation de l'Observatoire, côté du midi.

Élévation, côté du nord.

10 20 Mètres 5 20 Toises

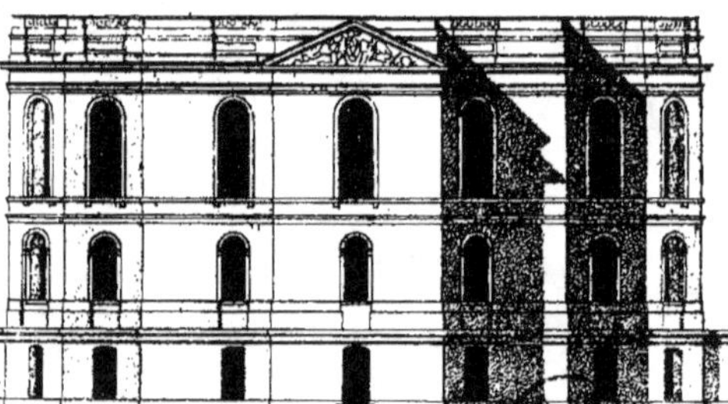

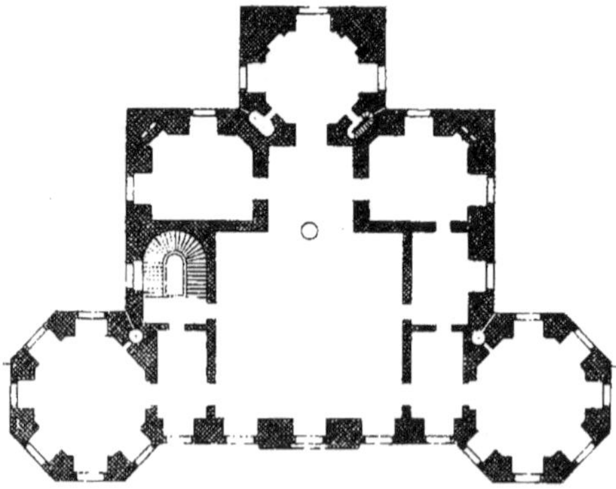

Plan du premier étage.

Landon direx.t

OBSERVATOIRE.

L'observatoire de Paris, monument qui atteste la grandeur de Louis XIV, et son amour pour les sciences, a été érigé, à ce que l'on croit, sur les dessins de C. Perrault. Les fondations furent commencées en 1667, et l'édifice fut terminé en moins de trois années. Sa construction est faite avec soin et avec ce luxe d'appareil qui se remarque également au péristyle du Louvre, attribué au même architecte.

L'échelle de ce bâtiment est grande, et son aspect imposant; la simplicité de son ordonnance et des membres d'architecture qui en forment les détails, les dimensions élevées de ses murs et de ses ouvertures, tout annonce un édifice public du premier ordre, sur une superficie de terrain néanmoins assez resserrée.

La masse principale du plan est un carré auquel on a ajouté des tours octogones sur deux angles du côté du sud, et un avant-corps sur la face septentrionale. Ce carré est disposé de manière que les deux faces latérales sont parallèles et les deux autres perpendiculaires au méridien qui en fait l'axe, et qui est tracé sur le pavé d'une grande salle au centre du bâtiment. Cette disposition parut heureuse pour un monument destiné à l'étude de l'astronomie; mais la suite ne confirma pas cette opinion. En voyant élever le bâtiment les astronomes s'aperçurent que les dispositions en étaient peu convenables; ils en firent l'observation à Colbert, qui s'y transporta : sur le rapport du ministre, le Roi fit venir de Bologne Dominique Cassini, et le chargea de diriger l'exécution de ce monument, de la manière la plus favorable aux travaux astronomiques; mais, soit que Cassini fût arrivé trop tard, soit que Perrault n'ait rien voulu changer à son projet, l'Observatoire fut achevé sur les mêmes dessins.

Les fondations furent difficiles à établir à cause de la profondeur des carrières qui se trouvèrent au-dessous, et qu'il fallut combler de massifs considérables, pour donner à ce monument toute la solidité qu'on a mise en effet à sa construction : elle est toute en pierres posées par assises réglées qui règnent au pourtour de l'édifice : on n'y a employé ni fer, ni bois; toutes les salles, tous les escaliers en sont voûtés en pierre, avec un soin extrême. Une plate-forme couvrait originairement cet édifice, et permettait d'y circuler; mais les eaux ayant pénétré la terrasse et endommagé les voûtes, la couverture fut entièrement refaite en 1787; elle est maintenant divisée en plusieurs parties de comble et entourée d'un mur d'appui : de là on peut contempler à découvert la voûte immense du ciel, dans toute l'étendue de l'horizon.

Six pièces, de formes différentes, composent la distribution intérieure et ont leurs ouvertures exposées aux différents points du ciel. Cependant, il faut le dire, aucun édifice n'était moins propre à sa destination : il a fallu construire en dehors et attenant à ce bâtiment colossal, ainsi que sur la plate-forme, de petits cabinets pour y placer les instruments destinés aux travaux habituels des physiciens et des astronomes. Tout ce faste extérieur de bâtiment ne procurait pas un seul local commode où l'on pût faire tranquillement et sûrement une série d'observations; ce n'est que depuis quelques années qu'on a rendu cet intérieur habitable, et que les étrangers cessent de montrer leur étonnement en visitant le plus grand Observatoire de l'Europe, où naguère ils ne trouvaient ni cabinet d'observation ni même un seul instrument en état. Il est vrai qu'alors les astronomes trouvaient plus commodes des observatoires particuliers. Nous avons parlé de celui de l'École militaire : il y en avait encore d'autres au Collége de France, à Sainte-Geneviève, et ailleurs. Mais aujourd'hui l'Observatoire royal n'offre plus cet état de dénuement; plusieurs salles ont été terminées, et pourvues des instruments nécessaires. On y remarque un grand télescope dont le pied mobile facilite toutes les directions : cet instrument peut se transporter au-dehors : une plate-forme établie au devant du bâtiment du côté du midi permet de l'y faire mouvoir à volonté, et l'utile se trouve enfin réuni à la majesté des formes dans ce grand établissement.

Cassini avait fait tracer sur le plancher de l'une

des tours un planisphère terrestre de 27 pieds de diamètre; depuis long-temps on ne l'y voit plus. On a pratiqué dans toutes les voûtes, au centre du bâtiment, des ouvertures de 3 pieds de diamètre, qui se correspondent depuis la couverture jusqu'au bas des souterrains; on s'en est peu servi pour les observations astronomiques, mais cette espèce de tube a été utile pour mesurer les degrés d'accélération de la chute des corps et pour la vérification des grands baromètres.

Les caves basses servent à des expériences sur la congélation et la réfrigération des corps, et à diverses remarques sur la température de l'atmosphère. Un anémomètre indique la direction des vents sur un cadran placé sous la voûte de la salle du nord; cette salle est ornée de peintures représentant les saisons et les signes du zodiaque, et des portraits des plus célèbres astronomes.

On voit à l'Observatoire une machine appelée cuvette de jauge; elle sert à mesurer la quantité d'eau pluviale qui tombe chaque année.

Par un hasard bien singulier, l'Observatoire et le palais du Luxembourg ont sensiblement un même axe. Cette disposition a donné dernièrement l'idée d'ouvrir, sur le terrain des Chartreux, une large avenue qui aboutit aux deux monuments qui les fait valoir l'un par l'autre de la manière la plus heureuse.

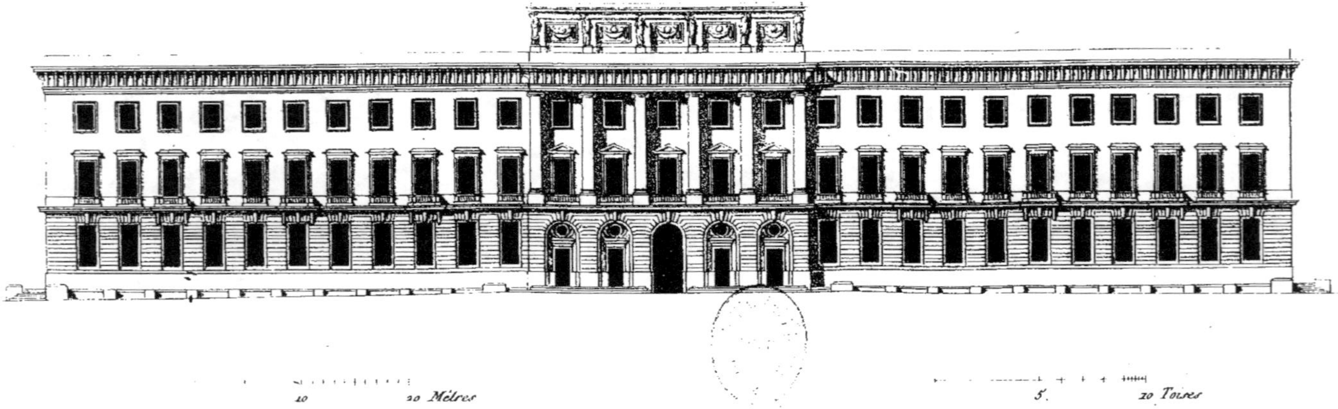

Façade de l'Hôtel des Monnaies.

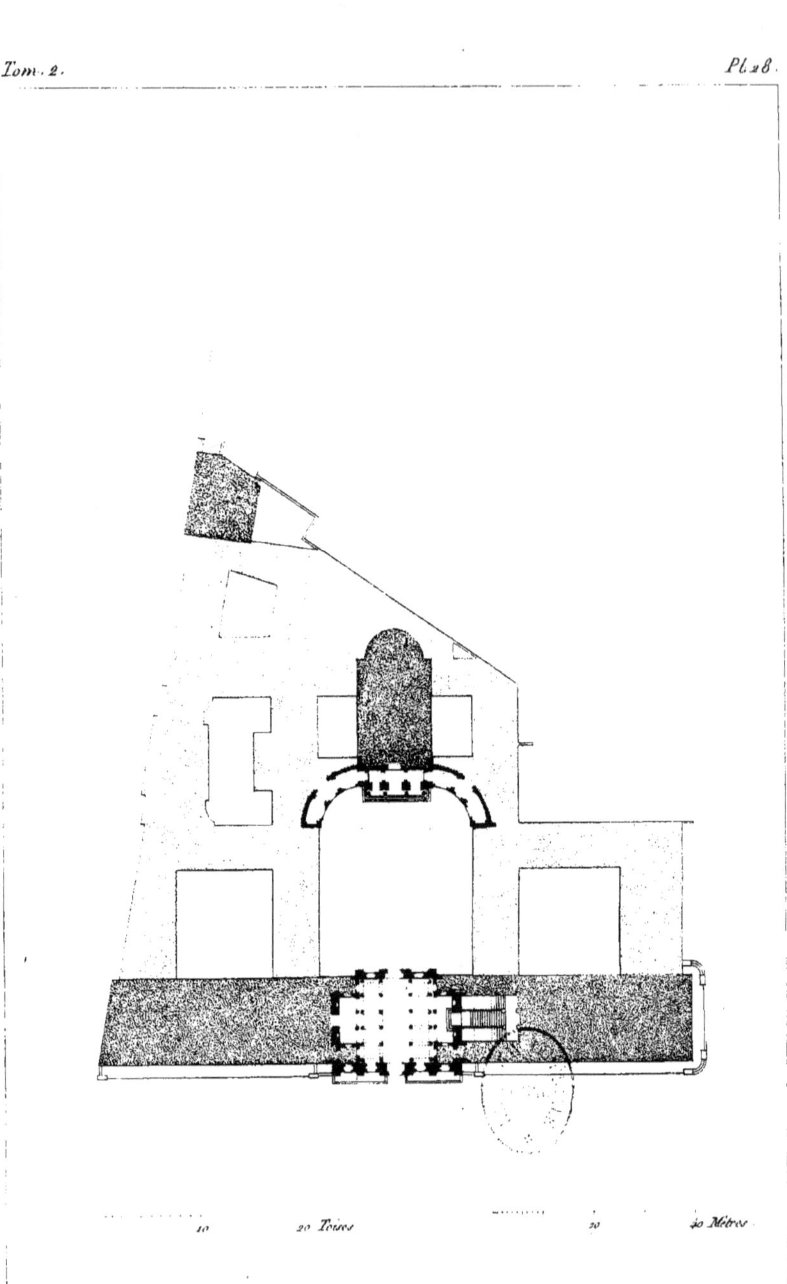

Plan général de l'Hôtel des Monnaies.

HOTEL DES MONNAIES.

Un Hôtel des Monnaies, dans la capitale d'un puissant royaume, tient le premier rang parmi les édifices publics. Après le palais du souverain et ceux des grands corps de l'état, il doit se distinguer par un caractère de sagesse et de magnificence qui annonce l'importance de sa destination : et quoiqu'il sorte de la classe des monuments pompeux, tels que les arcs de triomphes ou d'autres édifices de ce genre, il ne peut pas néanmoins être considéré comme un simple bâtiment d'utilité publique.

Destiné à contenir des objets de nature fort différente, tels qu'une école et un cabinet de minéralogie, des salles et des bureaux pour une grande administration, de vastes ateliers, des laboratoires, des fonderies, cet hôtel présentait à l'architecte de nombreuses difficultés, et il ne semblait pas aisé de déterminer le genre de construction et de décoration qui pouvaient lui convenir. Antoine, dont cet édifice a confirmé la réputation, a résolu ce problême avec une habileté et un succès qui laissent peu de chose à desirer.

Il a su profiter avec beaucoup d'art des deux faces

que pouvait offrir ce monument, pour les accorder avec la nature des objets qu'il renferme, et combiner sa distribution intérieure avec l'effet extérieur de sa décoration.

Ayant déterminé, comme il le devait, de placer les pièces d'apparat du côté du quai, et les ateliers sur la rue Guénégaud, c'est sur le quai qu'il a élevé le principal bâtiment, et pratiqué la principale entrée. Il a décoré cette façade d'une ordonnance d'architecture et de figures allégoriques dont l'ensemble étale beaucoup de richesse, et pour les bâtiments secondaires il a fait choix d'un style plus sévère et plus ferme, qui, pour être privé de la présence des ordres, n'en a pas moins le caractère et le genre de beauté qui lui conviennent.

On a reproché à Antoine, et beaucoup de gens lui reprochent encore, d'avoir aligné le bâtiment principal de manière à rendre à-peu-près inutile la démolition long-temps demandée des pavillons des Quatre-Nations: mais en considérant la forme et le peu d'étendue du terrain qu'occupe l'Hôtel des Monnaies, on reconnaîtra que c'est une espèce de triangle très irrégulier; que, pour donner à cet endroit du quai une largeur telle qu'on l'eût desirée, il eût fallu rentrer parallèlement le bâtiment d'une grande partie de son épaisseur (car, en ne le rentrant que du côté des Quatre-Nations, l'angle que forme le quai avec la rue Guénégaud devenait encore plus aigu, et eût été insupportable dans la distribution comme dans l'élévation); enfin que l'un et l'autre

moyens eussent fait perdre une quantité considérable
d'un terrain précieux sur cette face, et qu'il n'en serait pas resté assez pour les besoins du service. Est-il
bien vrai, d'ailleurs, qu'il soit nécessaire de démolir
les deux pavillons des Quatre-Nations? Nous ne répéterons pas nos remarques sur le bel effet de la
disposition pittoresque de ces bâtiments; il faudrait
en tenir peu de compte, si l'intérêt public l'exigeait
impérieusement. Mais, plutôt que d'élargir le quai
par cette démolition, il nous semble qu'il serait préférable d'ouvrir deux autres passages parallèlement
à chacun de ceux qui existent. On obtiendrait, par
ce moyen, tout le dégagement qu'on desire; et de
plus on aurait de beaux portiques qui serviraient d'a-
bri en cas de pluie.

Le vieil Hôtel de la Monnaie était situé, il y a environ quarante ans, dans la rue qui porte encore ce
nom, en face du Pont-Neuf. Comme il menaçait
ruine, le ministre Laverdi se décida à faire construire
celui que nous voyons maintenant, et il choisit pour
cet effet l'emplacement de l'ancien hôtel de Conti,
mais le choix le plus heureux fut celui d'un architecte habile, dont les rares talents ont tiré un si beau
parti de distribution d'un terrain peu favorable.
La première pierre fut posée le 30 avril 1771, par
l'abbé Terray, contrôleur-général des finances, sous
Louis XV.

Il ne présente, comme nous l'avons fait observer,
que deux faces d'un triangle, ayant chacune environ
60 toises. Il est divisé en trois grandes cours et plu-

sieurs autres moins considérables, toutes entourées de bâtiments.

Le principal corps de l'édifice, ayant face sur le quai, renferme un superbe vestibule, orné de vingt-quatre colonnes doriques ; un bel escalier, que décorent également seize colonnes ioniques ; un immense et précieux cabinet de minéralogie, que M. Sage a formé à ses propres frais, et où ce savant professeur tient une école ; plusieurs cabinets de machines ; des salles pour l'administration, et de vastes logements.

Au fond de la grande cour, est la salle du monnayage ; elle a 62 pieds de long, sur 39 de largeur. L'architecte a eu la précaution de l'isoler afin d'éviter aux autres bâtiments les effets de la secousse et de l'ébranlement produits par le jeu des balanciers. Au-dessus est la salle des ajusteurs ; à côté est une chapelle qui sert actuellement d'atelier. Le surplus des constructions est employé aux fonderies, aux laminoirs et à quantité d'autres dépendances.

La décoration de la façade principale consiste en un avant-corps de six colonnes ioniques, élevées sur un soubassement de cinq arcades, orné de refends : un grand entablement, avec consoles et modillons, couronne l'édifice dans toute sa longueur ; l'avant-corps est surmonté d'un attique, au-devant duquel sont six figures debout et isolées : elles sont de Pigale, Mouchy et Lecomte, et représentent la Loi, la Prudence, la Force, le Commerce, l'Abondance et la Paix.

La seconde façade, sur la rue Guénégaud, offre

un attique sur un soubassement de même hauteur que celui de la première, et, comme celui-là, orné de bossages. Sur l'avant-corps du milieu sont quatre figures, représentant les quatre Éléments : elles sont de Caffieri et Dupré.

L'extrémité du grand bâtiment forme pavillon à l'un des bouts de cette façade : on l'a répété à l'autre bout, uniquement pour la régularité de la décoration.

La cour principale a 110 pieds de profondeur sur 92 de largeur ; elle est entourée d'une galerie. La salle des balanciers s'annonce par un péristyle de quatre colonnes doriques ; la voûte intérieure est supportée par quatre colonnes toscanes : dans le fond est la statue de la Fortune, par Mouchy.

Le cabinet de minéralogie, qui occupe le pavillon du milieu au premier étage, est décoré de vingt colonnes corinthiennes d'un grand module, qui supportent une tribune régnant au pourtour, dans la hauteur du deuxième étage ; il est orné de bas-reliefs et d'arabesques. Les corniches, les chambranles des portes et des croisées sont enrichis d'ornements sculptés et dorés, mais distribués avec goût et sans confusion. Un lambris circulaire renferme des banquettes pour les personnes qui assistent au cours de minéralogie, et sert de fond aux armoires établies sur sa face extérieure, pour contenir la collection des minéraux.

Cette pièce est très noble, peut-être pèche-t-elle par un excès de richesse : ces dorures, cette variété de couleurs dont elle est parée, lui donnent plutôt l'aspect d'une salle de concert ou de bal que d'un lieu

destiné à l'étude. Au surplus, ce défaut de convenance, si toutefois il existe, doit causer peu de re-
grets: cette salle magnifique est la plus belle que l'Europe puisse offrir en ce genre.

Landon direx.ᵗ

Plan et élévation de la Porte St. Denis.

PORTE SAINT-DENIS.

UNE suite non interrompue de victoires et de pros-
pérités avait déja fait élever deux arcs de triomphe à
la gloire de Louis XIV. La rapidité de ses conquêtes
en 1672, le passage du Rhin, quarante villes fortifiées
et trois provinces soumises aux lois du vainqueur,
dans l'espace de deux mois, engagèrent la ville de
Paris à lui consacrer un nouveau monument.

On choisit à cet effet l'une des plus belles entrées
de la ville, la porte Saint-Denis, qui servait de temps
immémorial aux réceptions solennelles des rois et des
reines de France. Mais cette porte, bâtie sous Philippe-Auguste, vers l'endroit où est la rue Mauconseil,
reculée, sous Charles IX, près de la rue Ste-Apolline,
fut alors définitivement reconstruite au-delà des boulevarts, afin de lui donner un isolement convenable.

François Blondel, qui fournit les dessins de cet arc
de triomphe, lui a donné 72 pieds de largeur, sur
une hauteur précisément égale ; puis, partageant cette
largeur en trois parties de 24 pieds chacune, il en a
assigné une à l'ouverture de l'arc et les deux autres à
ses piédroits.

Le nu de ces piédroits est décoré de grandes pyramides de bas-relief qui, posées sur des piédestaux,

s'élèvent jusqu'au-dessous de l'entablement; ces piédestaux et ces pyramides sont chargés des trophées d'armes de la plus heureuse composition, et d'une exécution qui ne le cède pas à celle de la colonne Trajane.

Du côté de la ville on voit assise au pied des pyramides, d'un côté la figure colossale de la Hollande, de l'autre celle du Rhin; dans un renfoncement au-dessus de l'arc, un bas-relief représente le passage du Rhin à Tholuys.

Du côté du faubourg, les pyramides n'ont point de figures à leur base, elles posent sur des lions couchés: le bas-relief placé au-dessus de l'arc représente la prise de la ville de Maëstricht. Des renommées occupent les tympans triangulaires de l'arcade, tant à la face du faubourg qu'à celle de la ville.

Tous les ornements de sculpture distribués sur ce monument sont dus au ciseau d'Anguier l'aîné, auquel ils font le plus grand honneur. Ces ouvrages avaient été commencés par Girardon; il avait même déja achevé les rosaces du grand archivolte, lorsqu'il fut appelé à Versailles pour d'autres travaux, qui l'obligèrent de discontinuer ceux-ci.

L'ensemble de ce monument, soit pour l'harmonie de ses proportions, soit pour l'admirable exécution de toutes ses parties, ayant toujours été regardé comme l'un des plus beaux ouvrages du siècle de Louis XIV, le public et les artistes voyaient avec peine son entretien totalement négligé et sa partie supérieure sur-tout réduite à un état de dégradation tel, que bientôt il aurait amené une ruine totale ; ils faisaient des vœux pour qu'un prompt remède vînt arrêter les progrès du mal. Ces vœux ne sont pas restés inutiles. Cette opération délicate a été parfaitement exécutée, il y a quelques années, sous la conduite de Cellerier, qui y a mis une intelligence et des soins dignes d'éloges.

Non seulement les parties de sculpture et d'ornement et les membres d'architecture dégradés ont été rétablis scrupuleusement dans leur état primitif, mais, pour faire disparaître les traces de ces réparations, on a eu soin de teinter les parties neuves, de manière à les accorder avec les anciennes ; exemple qui devrait être suivi dans toutes les opérations de ce genre. Les inscriptions en l'honneur de Louis XIV ont aussi reparu dans la frise : quant à celles qu'on lit sur les piédestaux, le ciseau dévastateur les avait épargnées, peut-être parcequ'elles ne portaient pas le nom du monarque. Ces inscriptions d'un beau style ont été composées par François Blondel lui même, et prouvent que l'habile architecte, le savant mathématicien était aussi un littérateur fort exercé. Ce fut aussi lui qui proposa de dédier le nouvel arc de triomphe à Louis-le-Grand, et ce magnifique surnom, donné par les contemporains, se perpétuera jusque dans les siècles les plus reculés.

Malgré tout le mérite de cet ouvrage les critiques ne l'ont pas épargné, sur-tout dans ces derniers temps ; nous n'imiterons pas ceux qui, ne tenant aucun compte de l'originalité de la pensée, auraient voulu peut-être que Blondel nous eût reproduit une copie des arcs antiques : mais notre respect n'est point aveugle. Et si nous admirons dans la porte Saint-Denis l'unité de l'ensemble, la simplicité des masses et la fierté des profils, nous sommes forcés, en même temps, de blâmer son peu d'épaisseur qui lui donne l'air d'une décoration théâtrale, et lui ôte cette solidité apparente qu'on doit trouver principalement dans un édifice de ce genre. Les pyramides sont des ornements postiches et de mauvais goût : il suffisait des trophées, qui auraient brillé bien davantage sur un fond lisse.

Nous ne critiquerons point les petits passages pratiqués dans les piédestaux, ils ne sont pas heureusement placés; l'architecte lui-même en jugeait ainsi, et s'opposa fortement à cette addition, mais il fut obligé de céder à l'autorité. C'est un des défauts de cette belle composition, et nous regrettons qu'on n'ait pas eu l'idée de les faire disparaître en restaurant cet arc de triomphe, conformément aux idées connues de son illustre auteur.

N'omettons pas, mais sans nous y arrêter, une critique de philologue. On ne devrait pas donner, dit-on, le nom de porte à un véritable arc de triomphe. Cela n'est vrai que jusqu'à un certain point : car les arcs de triomphe à Rome étaient primitivement des portes qu'un sentiment religieux avait conservées lors des agrandissements de la ville; ainsi rien n'est contradictoire dans cette dénomination de la porte Saint-Denis, et l'usage l'autorise suffisamment.

Plan et élévation de la Porte St. Martin.

PORTE SAINT-MARTIN.

La porte Saint-Martin fut originairement bâtie sous la minorité de Louis XIII; la Ville la fit démolir en 1674, et reconstruire telle qu'elle est aujourd'hui sur le même emplacement, par Pierre Bullet, élève de François Blondel, auteur de la porte Saint-Denis.

La masse générale de la porte Saint-Martin est inscrite dans un carré de 54 pieds y compris l'attique qui règne au-dessus de l'entablement; son épaisseur est de 15 pieds : elle est percée de trois arcades, une grande et deux petites : celle du milieu a 15 pieds de largeur et 30 de hauteur; les deux autres ont chacune 8 pieds de largeur et le double de hauteur. Les quatre pied-droits sont égaux; les deux faces et les retours sont décorés de bossages vermiculés, excepté les deux côtés du grand arc, qui sont occupés par des bas-reliefs : le tout est couronné d'un riche entablement dont la saillie est supportée par des consoles dans la frise; au-dessus règne un attique présentant sur ses deux faces de grandes tables destinées à recevoir des inscriptions.

Les deux bas-reliefs qui ornent la façade du côté de la ville représentent la prise de Besançon, et la triple alliance; ceux du côté du faubourg, la prise de Limbourg et la défaite des Allemands, sous la figure d'un aigle repoussé par le dieu de la guerre : ils ont été exécutés par Desjardins, Marsy, Lehongre et Legros.

Du temps de Louis XIV on était dans l'usage de vermiculer les pierres, comme on l'a fait sur toute la surface de ce monument : aujourd'hui ce genre d'agrément serait peu goûté : il apporte cependant une sorte de richesse, sur-tout lorsqu'il est bien exécuté, comme dans cet exemple ; mais on aurait de la peine à justifier le choix d'un semblable ornement qui n'imite que des pierres détériorées.

Au reste, quoique la porte Saint-Martin soit inférieure en richesse à la porte Saint-Denis, elle ne lui cède ni par l'harmonie des proportions, ni par la pureté et le fini de l'exécution.

On admire avec raison le grand entablement à consoles qui couronne l'arc et le sépare de l'attique ; il est imité de Vignole, mais l'application que Bullet en a faite à ce monument est heureuse, et produit le meilleur effet.

Il serait à desirer qu'après avoir pourvu à la restauration de la porte Saint-Denis, le Gouvernement s'occupât maintenant de la conservation de la porte Saint-Martin, dont l'attique totalement dégradé a besoin d'être reconstruit. Cette ruine anticipée provient de la qualité de la pierre, elle ne peut faire aucun tort à la renommée de l'architecte.

Plan et élévation de L'Arc de Triomphe des Tuileries.

ARC DE TRIOMPHE

DES TUILERIES.

S'il fallait rechercher quelle fantaisie orgueilleuse a voulu que l'entrée d'un palais fût un arc de triomphe, nous y trouverions le sujet de bien des réflexions, lors même que laissant de côté tout ce qui tient à la morale, nous nous occuperions seulement de ce qui regarde l'architecture. Cet examen serait déplacé dans notre ouvrage : qu'il nous suffise de remarquer à ce sujet combien il est fâcheux pour des artistes d'un grand mérite d'avoir à façonner leurs idées sur le moule qui leur est donné. Malheureusement le public est sévère; il tient peu de compte de ces entraves, et MM. Percier et Fontaine l'ont éprouvé plus que personne.

Nous ne répéterons pas ici toutes les observations inconsidérées qu'on a faites sur cet arc de triomphe, et que nous avons rapportées et réfutées en parlant (tome I, page 301) du projet de réunion des deux palais; pour le juger sainement, il faudrait le voir avec tout l'ensemble dont il ne doit être qu'un détail; et dans l'impossibilité d'asseoir avec certitude notre jugement, nous préférons nous taire sur des points douteux qui peut-être obtiendront tous les suffrages lorsqu'on pourra mieux en apprécier les motifs.

Ce monument se rapporte au type adopté par les anciens pour les arcs à trois ouvertures, avec cette différence que les quatre pied-droits en sont ouverts sur leurs faces latérales, ce qui établit un double passage, l'un dans la direction de l'axe principal, l'autre, dans le sens de l'épaisseur.

Ses proportions rappellent encore celles des arcs de Septime - Sévère et de Constantin ; la face est de 60 pieds, l'épaisseur de 20, et la hauteur de 45. L'arcade du milieu a 14 pieds de largeur ; celles qui l'accompagnent en ont environ 8 et demi.

Dans les exemples que nous citons, la décoration de ce massif est composée, comme on le sait, d'un ordre corinthien dont l'entablement ressaute sur les colonnes, d'un attique qui reçoit la dédicace et sert de fond à des statues placées au droit des ressauts, et enfin de sculptures en bas-relief étalées sur les différentes faces.

On se tromperait de croire qu'avec ces données seules il soit facile de produire un bel ouvrage. Il faut y joindre tout ce que l'étude, le savoir et le goût ont su découvrir dans les modèles que l'antiquité nous a laissés, et, reconnaître ici l'heureux accord que nous demandons, c'est offrir à MM. Fontaine et Percier un tribut de louanges qui leur appartient à bon droit.

Ces architectes, il est vrai, ont été parfaitement secondés par les sculpteurs d'ornement et les statuaires qu'ils ont employés. Il n'y a point de disparate, on

retrouve à-peu-près par-tout le même degré de perfection. Nous en faisons la remarque et nous la re-
gardons comme un éloge, parceque dans des travaux
confiés à plusieurs artistes, le premier mérite de ceux-
ci est de savoir s'oublier franchement et de bonne-foi
pour conserver l'uniformité de style et d'exécution à
toutes les parties d'un monument.

Les huit figures de marbre posées sur les colonnes
représentent des soldats de différentes armes ; on voit
du côté de l'entrée, un cuirassier, un dragon, un carabinier et un chasseur, par MM. Taunay, Corbet,
Chinard et Foucou ; du côté du palais, un grena-
dier, un canonnier, un carabinier et un sapeur, par
MM. Dardel, Bridan, Moutoni et Dumont.

Quatre bas-reliefs en pierre accompagnent dans
l'attique les tables préparées pour les inscriptions : ils
présentent chacun, du côté de l'entrée, deux figures
soutenant un écusson : à droite, l'Abondance et la Paix,
à gauche, la Force et la Sagesse. Sur l'autre face, ils
offrent divers attributs des sciences et des arts groupés autour des mêmes écussons. Ces quatre morceaux
sont de MM. Fortin, Gérard, Callamar et Dumont.

Les quatre renommées sculptées en pierre de chaque côté de la grande arcade, sont de MM. Taunay
et Dupasquier.

Les voûtes sont richement décorées : on y remarque dans un grand caisson une victoire couronnant
un trophée, par M. Le Sueur ; plus bas, et sur les
côtés du passage, M. Boichot a représenté des fleuves
et des naïades. Les trophées ont été sculptés par

M. Montpellier, les ornements par MM. Georgery et Bénier.

On a vu au-dessus des petites arcades six bas-reliefs en marbre, ouvrages de MM. Cartelier, Espercieux, Clodion, Ramey, Le Sueur et Deseine ; si les mêmes artistes sont chargés de leur substituer d'autres compositions d'un genre plus analogue à la demeure des rois de France, il nous semble que, par cette seule restauration, ce riche monument perdra son caractère indécis d'arc de triomphe, pour devenir une des plus belles entrées de palais qu'il soit possible de voir.

Quelques personnes peu accoutumées à la magnificence extérieure, ont blâmé dans cet édifice l'aspect insolite que lui donne le mélange de la pierre avec le bronze et le marbre. Loin de partager l'opinion de ces critiques, nous savons gré, au contraire, à MM. Fontaine et Percier d'avoir renouvelé chez nous l'usage de cette architecture polychrôme, que les artistes du quinzième siècle avaient déja imitée des Grecs et des Romains. Ils ont eu d'ailleurs d'excellents motifs : leur monument devait correspondre à l'avant-corps des Tuileries orné de colonnes en marbre de couleur ; et de plus il était destiné à supporter et à faire valoir un groupe considérable qu'il était indispensable de dorer. C'est ainsi que le goût et le jugement savent varier les combinaisons de l'art suivant les diverses circonstances.

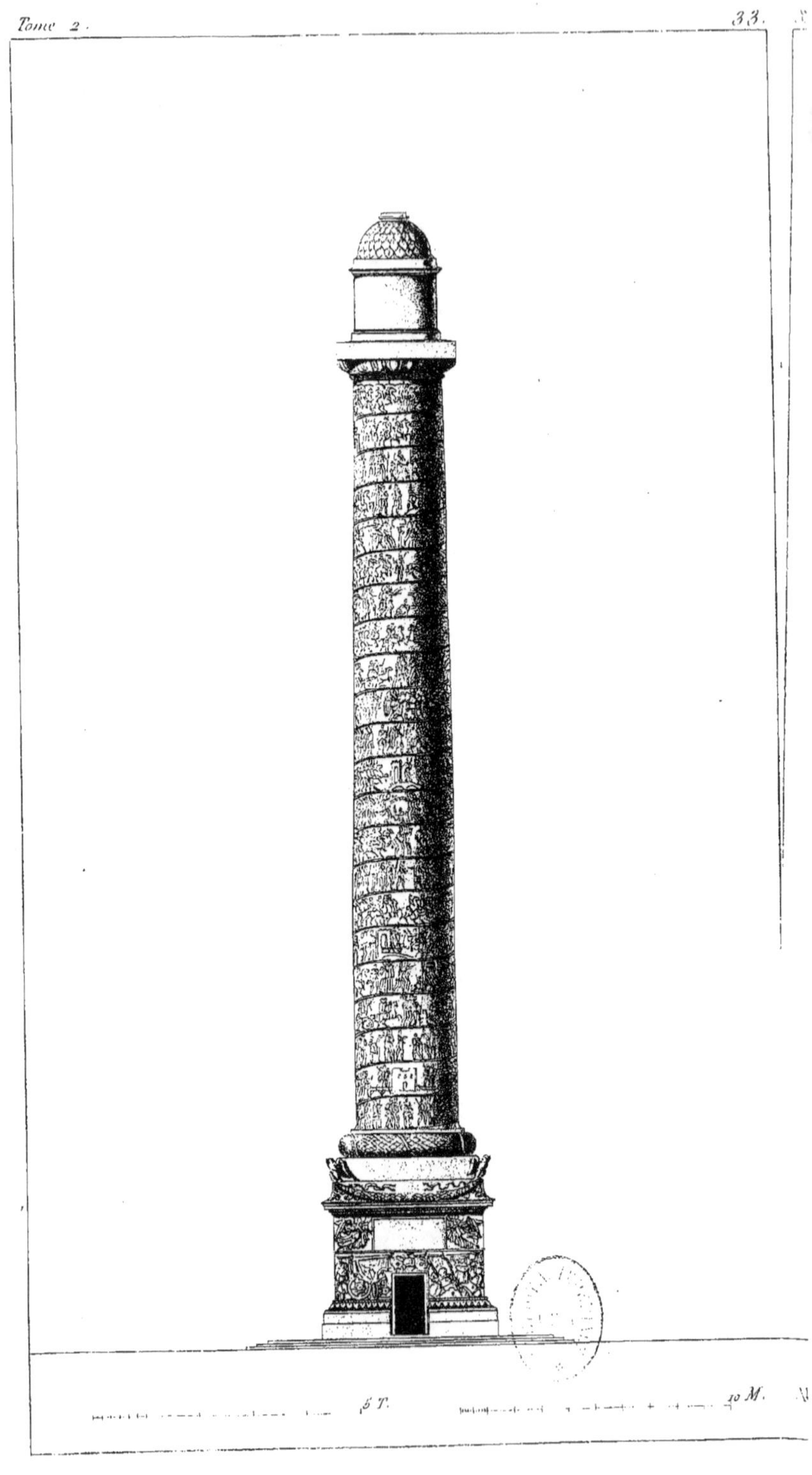

Colonne de la Place Vendome.

COLONNE
DE LA PLACE VENDOME.

—

Les Grecs qu'on nous reproche de toujours citer, et qu'il faudra citer long-temps encore, ces peuples qui avaient un sentiment si exquis de toutes les convenances, ne voulaient pas que le souvenir de leurs victoires fût transmis à la postérité par des trophées de marbre ou d'airain. Craignant que ces témoins éternels des maux qu'entraîne la discorde ne perpétuassent dans leur sein des haines nationales, ils se contentaient d'appendre aux branches d'un arbre, aux parois d'un temple, les armes qu'ils avaient enlevées à leurs ennemis, et ces marques de valeur glorieuses, mais peu durables, avertissaient assez les jeunes gens de se montrer dignes de leurs pères.

Les Romains n'eurent point cet esprit de modération : se croyant prédestinés à la conquête du monde, ils inventèrent pour éterniser leurs victoires, ces arcs de triomphe, ces colonnes monumentales, ces fastueux trophées qui attestent encore dans les différentes contrées l'asservissement successif des nations qui les habitaient.

Nous les avons imités dans leur orgueil; nous Français, comme tous les peuples modernes qui, tourà-tour, ont cherché à s'arroger l'empire de l'Europe.

Cette colonne de bronze, érigée à l'endroit même où était une statue du grand roi, présente à tous les yeux la suite des actions mémorables de l'armée française, pendant les célèbres campagnes du Nord. La première assise en a été posée le 23 septembre 1806.

Elle est imitée de la colonne Trajane dont elle conserve les proportions sur une échelle plus grande d'un douzième ; c'est-à-dire qu'elle a 40 mètres et demi d'élévation depuis le sol jusqu'au-dessus du couronnement ; 3 mètres, 7 dixièmes de diamètre, et 30 mètres de hauteur pour le fût, la base et le chapiteau.

Ceci posé, MM. Gondouin et Le Père qui ont présidé à l'exécution de ce monument, n'ont rien à prétendre comme inventeurs ; mais ces deux architectes, M. Le Père sur-tout, qui paraît avoir été chargé plus spécialement des détails, méritent les plus grands éloges pour les procédés ingénieux qu'il leur a fallu employer dans la construction. Nous sommes loin de rien exagérer, on en jugera par l'exposé suivant.

Le noyau de la colonne est en pierre et son revêtement en bronze. Il s'agissait dans cet assemblage de calculer et de prévenir deux effets opposés ; le tassement des tambours de pierre sur leurs lits, et la dilatation de 274 plaques de métal dans toute l'étendue de la spirale. Beaucoup de soin dans la taille, l'appareil et la pose des blocs de la plus belle pierre dure qu'on ait pu se procurer a obvié au premier de ces inconvénients : pour n'avoir rien à craindre du second, et parer aux influences de l'atmosphère, il fallait éviter de souder ensemble ces 274 plaques, comme aussi de les fixer dans la pierre par un moyen quelconque. En conséquence, sur chacune des 98 assises en pierre qui composent la colonne, on a réservé douze corps saillants en forme de sabots, sur lesquels sont agrafés les bas-reliefs : le jeu laissé à ces agrafes et le soin qu'on a eu d'isoler les bas-reliefs, préviennent tout accident. Il est impossible d'apercevoir les jonctions, qui ont toutes été faites au-dessus des corps les plus saillants.

Après avoir décrit ce que ce monument tient de la science, examinons ce qu'il doit à l'art.

La mémoire cherche d'abord à se rappeler l'image de la colonne de Trajan et à établir un parallèle, non pour juger de l'agencement des trophées sur les faces du piédestal, ou du développement des bas-reliefs autour du fût, ces motifs d'ajustement se ressemblant beaucoup, mais pour savoir laquelle des deux colonnes l'emporte sur l'autre, soit par le choix de la matière, soit par la beauté du travail. Les amateurs de l'antique n'hésitent pas : ils préfèrent le marbre au bronze, le cizeau grec à l'ébauchoir français. Cette opinion est aussi la nôtre, mais elle ne nous empêche pas de reconnaître beaucoup de mérite dans tout cet ouvrage.

Les piédestal représente des armures, des enseignes, des machines de guerre fort bien ajustées, et sur la porte de l'escalier deux Victoires qui tiennent une table d'inscription. Ce côté est de M. Gerard; M. Renaud a fait celui qui lui est opposé, M. Beauvallet les deux autres. M. Gillé est l'auteur de tous les ornements.

Trente-un sculpteurs ont coopéré au bas-relief qui entoure vingt-deux fois la colonne; cette longue histoire a été écrite, pour ainsi dire, par M. Bergeret, qui en a tracé tous les dessins; ils ont été exécutés par MM. Callamar, Cardelli, Clodion, Corbet, Bartolini, Beauvallet, Boichot, Boizot, Boquet, Bosio, Bouillet, Bridan fils, Deseine, Dumont, Dupasquier, Fortin, Foucou, Francia, Gaulle, Gerard, Gois fils, Lorta, Lucas, Moutoni, Petitot, Picard, Renaud, Ruxthiel, Stouff, Taunay, et Mlle Charpentier.

Pour régulariser des travaux si variés, et diriger vers le même but cette quantité d'artistes, il fallait à leur tête un homme accoutumé à voir en grand, instruit dans la théorie des arts, et familiarisé avec leur pratique : M. Denon a été chargé de cette tâche honorable, et s'en est acquitté à la satisfaction générale.

Par sa masse importante et son heureuse position, cette colonne produit un effet étonnant : elle offre au centre d'un des plus beaux quartiers de Paris un point de vue superbe, lorsqu'on la regarde des Tuileries et du Boulevart; et si l'on s'en approche pour en examiner les détails, l'œil étonné reporte sur ce riche monument toute la magnificence des palais qui l'entourent. C'est un ensemble nouveau chez les peuples modernes, et, si l'on excepte Rome, aucune capitale de l'Europe n'en offre même l'équivalent.

3   6 Toises.

6   12 Mètres.

Landon direx.t

BARRIÈRE

DE FONTAINEBLEAU.

Deux portes, l'une au midi, l'autre au nord, suffi-saient jadis à la petite ville de Lutèce, renfermée entre deux bras de la Seine ; aujourd'hui, cinquante-cinq barrières ouvertes dans un mur de douze mille toises servent d'entrée à la capitale de la France. Il est à croire que cette enceinte sera la dernière : elle contient, comme nous l'avons dit, près de dix mille arpents, et cette surface immense ne saurait être habitée également dans toute son étendue. Le centre de la Cité réunira toujours la population la plus nombreuse ; et si des causes accidentelles font, à quelques époques, préférer certains quartiers reculés, ce n'est pour ainsi dire qu'une transplantation qui se fait au détriment des parties délaissées. Par exemple, le Marais était sous Louis XIV la demeure des personnes de distinction ; il fut abandonné pour le faubourg Saint-Germain , et plus tard nous avons vu les gens riches se porter en foule à la chaussée d'Antin. La nature des choses exigeait donc que Paris fût renfermé dans un cercle dont l'église de Notre-Dame est à-peu-près le centre : c'est du moins du parvis de cette église que se mesurent les distances sur les routes, et c'est à dix-huit cents toises environ de ce point qu'on a établi les nouvelles limites de la ville. Nous avons indiqué dans notre Abrégé historique, à quel temps il faut reporter les différentes clôtures dont on retrouve encore quelques vestiges et des indices nombreux; nous avons compté jusqu'à neuf de ces clôtures, mais la plupart ne sont que des appendices, et réellement il ne peut être ici question que de quatre enceintes circulaires.

Elles portent chacune le caractère particulier de leur siècle, et des circonstances qui les firent établir.

Lors de la réunion de quelques nautoniers dans l'île de la Cité, une simple berge garantissait des inondations les cabanes éparses de ces premiers fondateurs de Paris, deux ponts, fermés à leur tête, défendaient assez bien cette ville naissante.

Philippe-Auguste, roi d'un peuple guerrier, fortifia sa capitale et l'entoura d'un mur solide, flanqué de tours de distance en distance. C'est cette enceinte que nous classons au second rang, parcequ'elle agrandit Paris sur les deux rives de la Seine, tandis que la clôture de Hugues-Capet ne couvrit qu'un faubourg formé au nord de la Cité.

Laissant de côté les fortifications partielles entreprises sous Charles V et Charles IX, nous arrivons au siècle de Louis XIV. Ce prince détruisit ces remparts, devenus inutiles, et leur substitua de longues allées d'arbres et des arcs de triomphe magnifiques.

De nos jours il fallut encore reculer l'enceinte de Paris; mais c'était le temps des spéculations financières, et nous avons vu succéder aux courtines et aux tours de Philippe-Auguste, aux promenades et aux arcs de triomphe de Louis XIV, une simple muraille et des bureaux pour des commis.

Il y aurait néanmoins une sorte d'injustice à critiquer sévèrement ce grand ouvrage : l'intérêt n'en fut pas le seul motif; ceux qui l'entreprirent voulurent qu'il devînt aussi un embellissement pour la capitale.

Jusqu'en 1787, les barrières n'étaient autre chose que des murailles informes ou de faibles cloisons de planches : de simples guérites de bois étaient les bureaux de recettes, et on ne s'était encore occupé que du premier but d'utilité, la perception des droits d'entrée; enfin, à la demande des fermiers-généraux, M. de Calonne conçut le projet d'enceindre la ville, pour empêcher la fraude, et de faire construire des monuments qui pussent concourir à-la-fois au service des barrières et à la décoration des avenues de Paris. Ledoux, architecte de la ferme générale, fut chargé de l'exécution de ce vaste projet.

Cet artiste, doué d'un génie fécond, ardent, et même exalté, conçut la plus haute idée de la mission dont il se vit chargé : il s'agissait de bâtir soixante monuments pour l'embellissement d'une ville que l'on regardait déja comme la plus belle du monde : aucun architecte n'avait encore rencontré une occasion aussi favorable de montrer, à toute l'Europe, l'étendue et la variété de ses conceptions; aussi Ledoux donna-t-il un libre essor à son imagination.

Il construisit d'abord cette grande muraille qui

renferme la ville dans une enceinte de plus de douze mille toises, et il éleva, à la rencontre de toutes les routes qui y aboutissent, des édifices de grandeurs et de caractères différents; il construisit encore aux angles que forme le mur d'enceinte, des pavillons d'observation; et dans les intervalles, le long du mur en dehors, des guérites en pierre et en brique, pour y placer des sentinelles; enfin cette immense clôture fut entourée d'un large boulevart, orné de trois allées plantées d'arbres, et formant ce qu'on appelle un chemin de ronde.

Pendant le cours de ces travaux, l'énormité de la dépense donna lieu à un grand nombre de réclamations. Un arrêt du conseil d'état ordonna l'examen des plans, des dépenses faites et de celles qui restaient à faire. Une commission composée de quatre architectes, pris dans le sein de l'académie, devait en faire son rapport au contrôleur-général des finances; mais cette mesure tardive apporta peu de changements aux ouvrages commencés. A l'exception de deux ou trois barrières, dont les constructions n'ont pas été achevées, et dont les pierres taillées sont encore éparses sur le terrain, Ledoux a terminé ses travaux dans l'état où on les voit aujourd'hui.

Nous n'entreprenons pas de publier tous ces édifices, la tâche en serait grande et l'intérêt médiocre. Un choix réduit à quatre des plus marquants suffira pour en donner une idée générale.

Dans notre premier volume, page 231, il a été question de la barrière de l'Étoile, à propos de l'ensemble du Louvre et des Tuileries; nous avons fait l'analyse de cette composition bizarre, et si nous reparlons ici de cette barrière, ce n'est que pour la classer avec trois autres dont nous donnons la gravure. Elles forment les extrémités de deux grandes traversées de Paris, et le caractère de leur architecture est très varié : ce sont les barrières de l'Étoile et du Trône, de la Villette et de Fontainebleau.

La barrière de Fontainebleau a porté plusieurs noms, suivant les différentes places qu'elle a occupées.

Correspondant à la porte du petit Châtelet, elle était située du temps de Philippe-Auguste, au coin de la rue des Fossés-Saint-Victor, à l'issue de la rue Bordet, et on la trouve désignée indifféremment sous ce nom, qui était celui d'une famille très-connue au treizième siècle, et sous celui de porte S.-Marcel, parcequ'elle touchait au bourg de ce nom, situé alors *extrà muros* : on l'appela depuis barrière Mouffetard, lorsqu'elle fut établie vers les rues de Lourcine et d'Orléans, et dans la nouvelle enceinte elle a reçu de plus la dénomination de barrière d'Italie ou de Fontainebleau.

Elle consiste en deux corps de bâtiment pareils, placés en regard, de chaque côté de la route. Au rez-de-chaussée de ces pavillons, cinq arcades portées sur des colonnes sans base, forment un porche en avant des bureaux et corps-de-garde. Un entablement dorique d'une bonne proportion couronne le tout et présente alternativement des métopes vides

et pleins, les uns servant de fenêtres, les autres ornés
de sculpture. C'est une forte licence que nous ne
conseillerions pas d'imiter, mais il faut en passer bien
d'autres à Ledoux, qui, dans toutes ses compositions,
a donné carrière à son génie original et capricieux.
Au reste, cette barrière, l'une des plus considérables
par sa masse, est l'une des moindres par son caractère, elle justifie trop bien le reproche fait à ces édifices, de paroître toute autre chose que ce qu'ils sont
réellement. Ces deux pavillons sont en effet dépla-
cés à l'entrée d'une ville comme bureaux de recette ;
isolés dans la campagne, au milieu de la verdure,
ils deviendroient de charmantes maisons de plaisance.

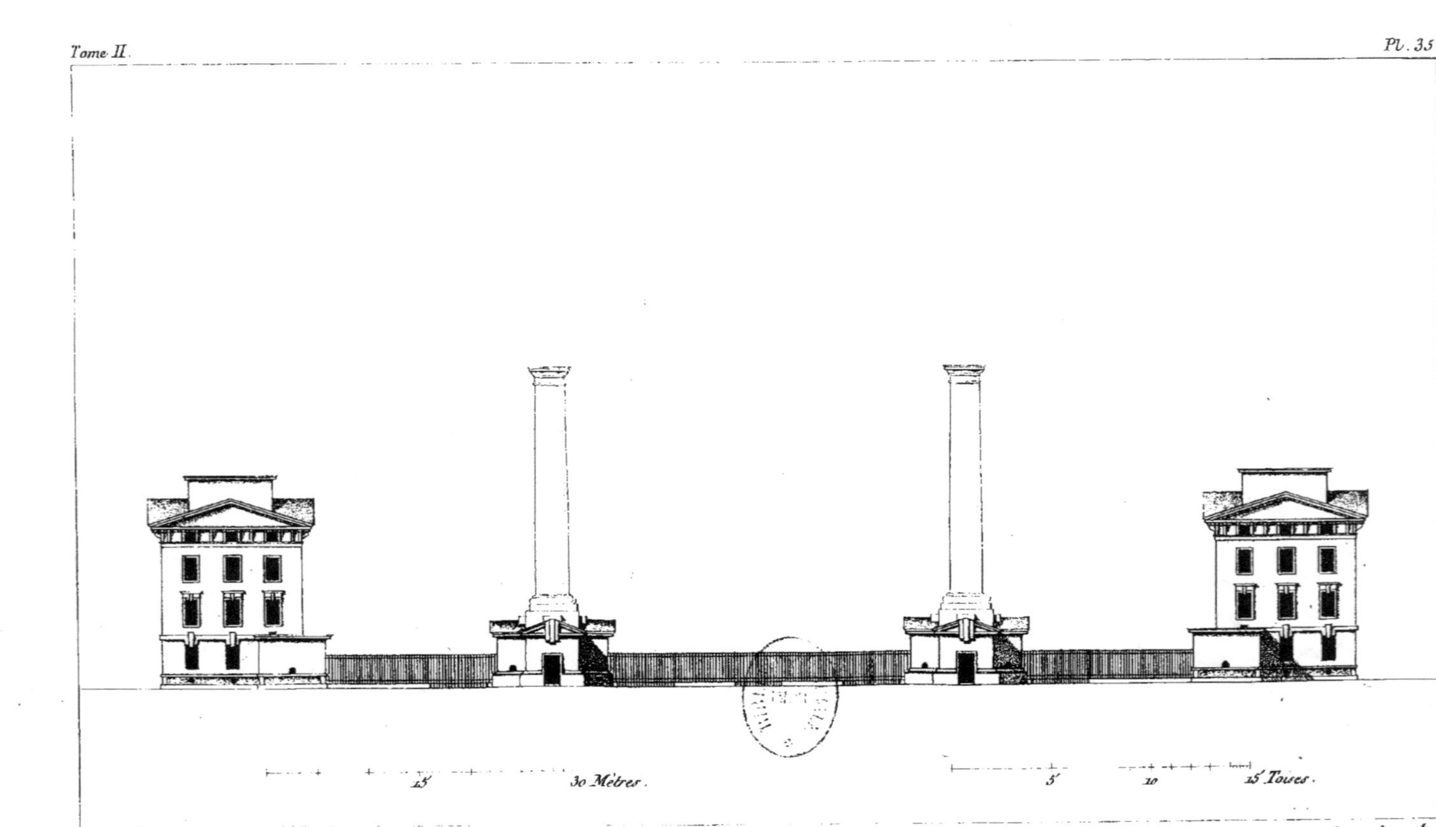
15
30 Mètres.
5
10
15 Toises.
Landon direx.t

BARRIÈRE DU TRONE.

L_A porte Baudoyer faisait partie de l'enceinte de Philippe-Auguste, et se trouvait dans la rue Saint-Antoine, vis-à-vis de la rue de la Culture-Sainte-Catherine. Elle devint inutile sous Charles V, lors de la construction de nouveaux murs, et elle fut remplacée par une autre porte dite de Saint-Antoine, laquelle répondait aux rues Jean-Beausire et des Tournelles.

Henri III fit reconstruire cette dernière porte au-delà des fossés de la Bastille, et Jean Goujon la décora de quelques sculptures, peut-être en 1573, à l'occasion de l'entrée de ce prince comme roi de Pologne.

En 1670, la Ville de Paris la fit restaurer par F. Blondel, qui la convertit en un arc de triomphe à l'honneur de Louis XIV. Des raisons d'utilité publique en ont fait ordonner la démolition il y a près de quarante ans, et il n'en reste que deux figures de fleuves, ouvrage de Jean Goujon, qui ont été placées par Beaumarchais à l'entrée de son jardin.

Enfin, pour remplacer toutes ces portes on construisit en 1788 la barrière actuelle qui fait partie du système de clôture dont nous avons donné l'historique dans l'article précédent.

La barrière du Trône, terminant une belle avenue et une rue d'une largeur remarquable, présentait à l'architecte le motif d'une composition intéressante. Deux colonnes de cent pieds de hauteur marquent le milieu de la route, et annoncent au loin l'entrée d'un grande ville : elles sont élevées sur un soubassement qui se lie avec deux édifices placés de front à 45 toises de distance l'un de l'autre. Les façades en regard, qu'on ne peut voir dans la gravure, ont un porche ouvert, formant une seule arcade dont les retombées portent sur des pilastres. Un entablement à consoles, quatre frontons, un attique, terminent ces bâtiments et leur donnent un air de richesse qui accompagne très bien les colonnes, lorsqu'on aperçoit cette fabrique au-dessus des sommités des arbres. Cet édifice est un de ceux qui n'ont pas été absolument finis ; les colonnes sont destinées à recevoir un fanal servant d'amortissement ; et leur fût doit être décoré de sculptures, pour lesquelles on a ménagé des bossages d'attente. Ces accessoires acheveront de rendre la barrière du Trône l'une des plus belles de Paris.

Ledoux n'était point un homme ordinaire ; il avait une tête fortement organisée, et, jusque dans les écarts de son imagination, il portait un sentiment très juste des beautés réelles de l'architecture. On a violemment critiqué ses ouvrages, et sur-tout ceux-ci ; nous ne les citons point comme des modèles, mais nous doutons qu'aucun architecte de son temps eût réussi comme lui dans un travail qui exigeait tout à-la-fois un style uniforme pour l'ensemble, et une grande variété pour les détails. Ce n'est pas d'ailleurs un petit mérite que d'avoir enfanté avec une rapidité sans exemple, une multitude de projets qui eurent presque en même temps leur exécution.

On passe par la barrière Saint-Antoine pour aller à Vincennes, dont elle a pris le nom : on la nommait auparavant barrière du Trône, et nous avons préféré lui conserver cette dénomination, parcequ'elle rappelle un souvenir historique. Lorsque Louis XIV et Marie-Thérèse d'Autriche firent leur entrée solennelle dans la capitale, le 26 août 1660, on éleva sur la place dite depuis du Trône, et près de cette barrière, un trône superbe, sur lequel le monarque et la nouvelle reine reçurent l'hommage et le serment de fidélité de leurs sujets.

Dix ans plus tard, la Ville de Paris voulut offrir à Louis XIV un témoignage durable de sa reconnaissance pour les bienfaits qu'elle en avait reçus. La construction d'un arc de triomphe à l'avenue de Vincennes fut arrêtée, et, pour que rien ne manquât à la magnificence de ce monument, les artistes les plus célèbres furent invités à donner l'essor à leur génie. Un dessin de Perrault fut choisi, et l'on se hâta de mettre la main à l'œuvre. Les fondements commencés le 6 août 1670 furent bientôt hors de terre ; et le stylobate était déterminé, lorsqu'on s'avisa de continuer cette fabrique en modèle de plâtre, sans doute pour mieux juger de son effet. Soit que ce modèle n'ait pas rempli l'attente générale, soit que le roi eût montré peu d'intérêt pour ce monument, les travaux en furent interrompus et il ne fut plus question de les reprendre ; les choses en restèrent là jusqu'en 1716, que le Régent ordonna la démolition de cet édifice imparfait qui obstruait la voie publique. On dit que les fondements existent encore sous la chaussée de Vincennes ; cela peut être, mais nous en doutons, car en 1750 on ignorait déjà l'emplacement positif de cet arc colossal qui devait surpasser tout ce qu'on avait admiré jusqu'alors. Singulière destinée que semble devoir partager un édifice du même genre, commencé précisément à l'autre extrémité de Paris !

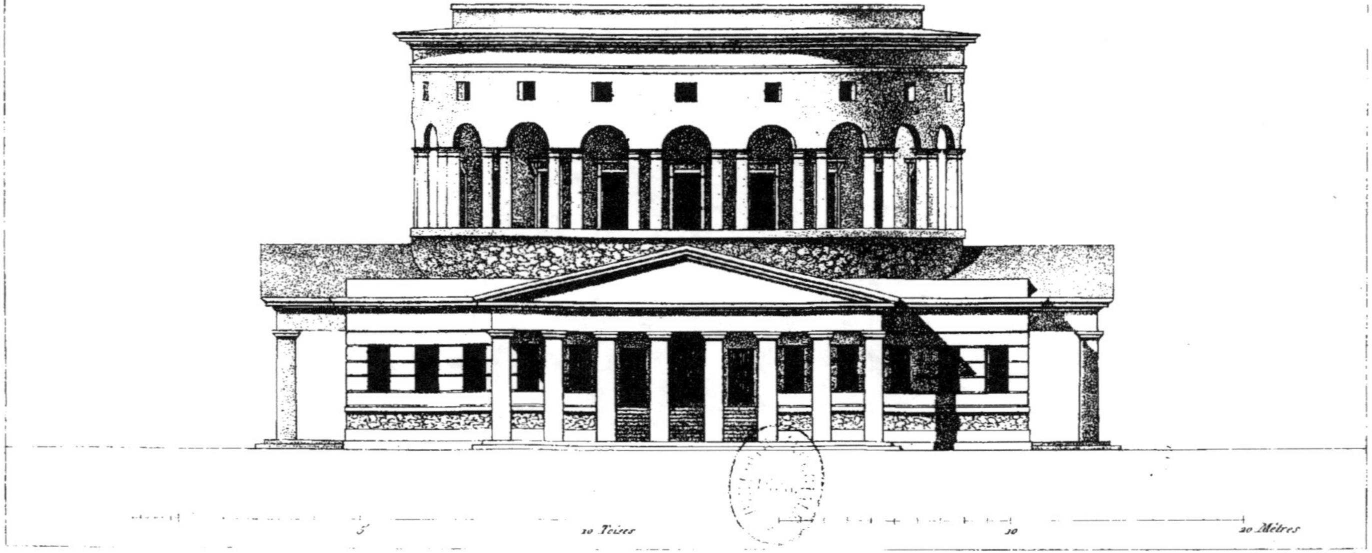

5
10 Toises
10
20 Mètres

BARRIÈRE SAINT-MARTIN.

LE grand Châtelet, l'archet Saint-Merry, l'orifice de la rue Grenier-Saint-Lazare, celui de la rue Neuve-Saint-Denis, la porte Saint-Martin, la Villette, telles sont les places qu'a occupées successivement l'une des principales entrées de Paris du côté du nord. C'est vers ce dernier endroit que l'on a construit l'édifice auquel on a donné le nom de barrière Saint-Martin. Il annonce par le caractère et par l'importance de son architecture une autre destination que celle d'une simple barrière ; l'artiste paraît avoir eu l'intention de construire une douane, qui, par sa position entre deux routes, celles de Pantin et de la Villette, peut faire également le service de l'une et de l'autre. C'est sans doute pour remplir ce double but et présenter un aspect agréable à l'entrée comme à la sortie de la ville, que l'architecte a imaginé de faire un plan carré, dont les quatre faces présentent un frontispice de huit pilastres isolés. Le caractère mâle et ferme de cette décoration annonce la solidité convenable à un soubassement sur lequel s'élève en forme de tour une grande masse circulaire. Cette partie supérieure se compose d'une galerie percée de vingt arcades, lesquelles portent sur quarante colonnes doriques. Un second rang de croisées, un entablement à triglyphes, un petit attique complètent l'extérieur de l'édifice : tout cela est fort bien ajusté, et produit un effet très pittoresque, mais ce n'est point une entrée de ville. Deux pavillons commencés sur chacune des routes latérales devaient constituer précisément les barrières Saint-Martin et de Pantin : ils ne sont point achevés, et c'est dommage. L'architecte avait le projet de les faire servir de piédestal à de grandes statues représentant les provinces du Nord. On ne peut nier que cet ensemble n'eût eu quelque chose d'imposant.

On vient de transformer cet édifice en caserne pour la Gendarmerie : cette destination nouvelle l'a préservé d'une ruine totale ; car sa parfaite inutilité l'avait déja laissé tomber dans un état fâcheux d'abandon et de dégradation. Il produit maintenant un effet très agréable à l'extrémité du bassin de l'Ourcq, et il s'embellit encore du voisinage des eaux qui réfléchissent l'image de ses portiques et de ses colonnades. Paris offre de ce côté un aspect fort animé, et rien ne manquera à la beauté de cette entrée, lorsqu'après avoir prolongé le canal, on aura ouvert la promenade projetée dans la direction du château d'eau du boulevart de Bondy.

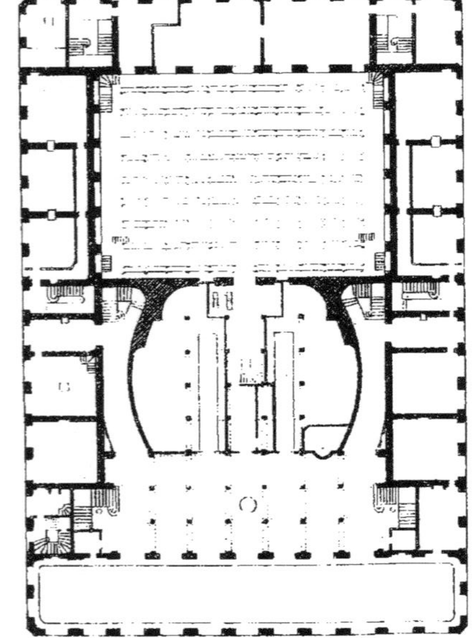

5
10 Toises

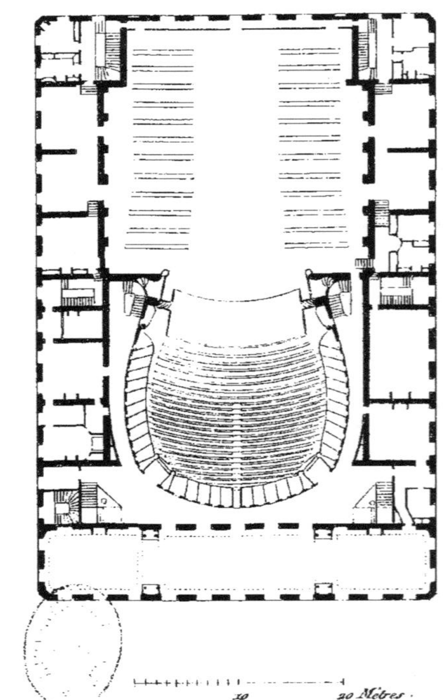

10
20 Mètres

THÉATRE DE L'OPÉRA.

—

Iʟ faut avouer que si l'architecture moderne a produit dans presque tous les genres des monuments comparables à ceux des anciens, elle est restée bien en arrière lorsqu'il s'est agi d'élever des édifices pour les représentations théâtrales. Nos villes s'enorgueillissent, avec raison, d'une multitude de bâtiments consacrés à la magnificence autant qu'à l'utilité, et nulle part en France, ni même ailleurs, on ne trouve une salle de spectacle qui ait un véritable caractère de grandeur. De tout côté pourtant, des théâtres, des cirques, des amphithéâtres encore debout après vingt siècles, nous attestent avec quelle somptuosité les Grecs et les Romains traitaient tout ce qui a rapport au public, ne fût-ce que pour ses plaisirs et son amusement. Mais ces monuments prodigieux n'ont excité parmi nous qu'une admiration stérile; près de leurs masses pompeuses, de chétives constructions élevées à la hâte, de misérables jeux de paume décorés du nom de théâtre, ont long-temps servi d'abri à la meilleure compagnie rassemblée pour y voir jouer les pièces de Corneille et de Molière. Des planches posées sur des tréteaux, des décorations en feuilles de paravent, des galeries en échafaudages, formaient l'ensemble de ces salles de spectacle dont le décor était complété par quelques pièces de tapisserie, et deux ou trois lustres en bois doré. C'est ainsi que par-tout, sous Louis XIV, on *donnait la comédie*, même à la Cour, où toute la différence consistait dans la richesse des ameublements, la multiplicité des bougies ; et, peut-être, dans une plus grande perfection des décorations et des machines. On fit quelque chose de plus vers le milieu du dix-huitième siècle ; la ville de Lyon chargea Soufflot d'élever dans ses murs une salle de spectacle qui dès-lors fut regardée comme un chef-d'œuvre ; et c'est bien sûrement de cette époque qu'il faut dater les améliorations sensibles qu'ont éprouvées nos différents théâtres dans le système général de leur composition. On commença par renoncer à cette forme longue et étroite que les salles de spectacle avaient retenue des endroits où elles furent primitivement établies : ces deux galeries parallèles s'écartèrent un peu en forme d'ellipse, et devinrent plus favorables à l'acoustique, en même temps qu'elles facilitèrent l'aspect du théâtre : celui-ci fut débarrassé de tout ce qui l'obstruait, et pourvu de décorations mieux peintes, mises en mouvement par des machines savamment combinées. Chaque nouvelle entreprise théâtrale amena un perfectionnement dans quelque partie importante, et l'on peut dire aujourd'hui qu'il reste peu de chose à desirer pour tout ce qui tient au jeu des machines, à l'exactitude des tableaux scéniques, et à l'agrément du local destiné aux spectateurs ; mais ces palais magiques n'ont qu'une

frêle existence ; un souffle les renverse , et la mode
en change l'aspect au moindre caprice. C'est là le
vice radical de tous les théâtres modernes ; c'est ce
qui les rejette dans la classe des bâtiments vulgaires, et les prive de ce caractère imposant qui sub-
jugue notre imagination devant les restes du théâtre
d'Orange et des arènes de Nîmes. Qu'on ne s'étonne
donc pas si mettant peu d'intérêt à ces constructions
éphémères, nous décrivons brièvement les salles de
spectacle de Paris, car ces fameux théâtres devront
leur célébrité bien plus au génie de nos grands auteurs
qu'aux talents de nos architectes.

Il est dans l'ordre de commencer par l'Opéra, puisqu'il porte le titre d'Académie royale de Musique.

Les Académiciens chantaient et dansaient dans la
rue Mazarine en 1671 : dans la rue de Vaugirard, près
du Luxembourg, en 1672, et, l'année suivante, au
Palais-Royal ; cette dernière salle qui occupait la partie
méridionale de la cour des Fontaines fut incendiée en
1763. L'Opéra fut alors établi aux Tuileries. Une nouvelle salle élevée au Palais-Royal en 1770 par Moreau,
sur les débris de l'ancienne, fut encore la proie des
flammes le 8 juin 1781. Le 27 octobre de la même
année, on fit à la porte Saint-Martin l'ouverture d'une
salle composée, bâtie et décorée par Lenoir, dans
l'espace de soixante-quinze jours. Nous éprouvons
quelque honte à dire que, pour démontrer sa solidité,
on y donna une représentation *gratis*, avant d'y ad-
mettre le public payant.

L'Opéra quitta ce théâtre pour occuper celui dont

nous donnons les deux plans principaux ; et qui fut
bâti sur les dessins de Louis. Cet édifice, résultat d'une
spéculation particulière, n'offre aucun intérêt sous
le rapport de l'architecture, et ce n'est que comme
une salle provisoire qu'il faut considérer ce bâtiment
dont la forme et la décoration intérieures ont déja
subi plusieurs changements remarquables.

Ce théâtre a une façade sur chacune des quatre rues
dont il est entouré. La face principale offre un grand
portique de onze arcades, au-dessus duquel est le foyer.
Les trois autres ressemblent à des maisons bourgeoises.

Le vestibule intérieur est décoré de colonnes doriques qui soutiennent le plafond. La salle, qui porte
en partie sur ce vestibule, a 60 pieds de diamètre·
Derrière le parterre est un rang de loges grillées ; au-
dessus sont trois rangs de loges ; un quatrième est sur
la corniche, un cinquième sous le plafond. L'avant-
scène a 45 pieds d'ouverture.

Le foyer du public est vaste et commode ; il forme
une galerie divisée sur sa longueur en trois parties
par huit colonnes ioniques. On y arrive par deux escaliers très simples et très étroits qui conduisent aussi
aux loges.

Ce que l'on voit ordinairement de cet édifice est,
sans contredit, ce qu'il y a de moins curieux ; pour en
avoir une idée complète, il faudrait pénétrer dans ce
labyrinthe à plusieurs étages qui portent le théâtre, et
monter au cintre, où sont disposées toutes ces machines qui produisent des effets si merveilleux.

Plan et élévation du Théâtre Français.

THÉATRE FRANÇAIS.

DES comédiens s'établirent, en 1548, à l'hôtel de Bourgogne, rue Mauconseil; ils y jouèrent, à quelques interruptions près, jusqu'en 1669, qu'ils transportèrent leur théâtre dans un jeu de paume de la rue Mazarine. Vingt ans après, le spectacle fut transféré dans la rue des Fossés-Saint-Germain-des-Prés, où il resta jusqu'en 1770. Il passa pour lors aux Tuileries en attendant qu'on eût bâti la nouvelle salle dite aujourd'hui de l'*Odéon*. Celle-ci fut ouverte en 1782; mais ayant été incendiée en 1799, les comédiens français après avoir joué isolément sur plusieurs théâtres, se réunirent enfin dans le local qu'ils occupent à présent.

Cette dernière salle bâtie sur les dessins de Louis, est une dépendance du Palais-Royal : commencée en 1787, elle fut ouverte au public le 15 mai 1790. On y avait établi sous le nom de *Variétés* un spectacle qui s'y est maintenu jusqu'à l'époque où les comédiens français en ont pris possession.

Quant à sa décoration extérieure, ce théâtre ne diffère pas beaucoup des autres bâtiments neufs du Palais-Royal, avec lesquels il est engagé par deux côtés. La façade principale sur la rue de Richelieu présente un péristyle d'ordre dorique à onze entre-colonnements : la façade en retour offre une galerie de dix arcades qui portent sur des piliers carrés. Au premier étage est une ordonnance de pilastres corinthiens dont l'entablement est coupé d'un rang de petites croisées ; cette masse élevée sur de très faibles supports est encore surchargée d'un attique, d'une mansarde, d'un autre attique et de combles immenses.

Au rez-de-chaussée, tout l'espace est entouré d'une galerie couverte, par laquelle on entre de trois côtés dans un vestibule intérieur de forme elliptique, occupant le dessous de la salle. Le plafond de ce vestibule est orné de sculptures et d'arabesques ; il porte sur trois rangs de colonnes doriques disposés concentriquement. Quatre escaliers placés dans les parties angulaires communiquent au vestibule et à la galerie extérieure. Au premier étage, le foyer n'a de remarquable que les bustes des grands auteurs dramatiques.

L'ancienne décoration de la salle était d'assez mauvais goût ; mais celle que M. Moreau lui a substituée, il y a quelques années, offre aussi plus d'un sujet de critique. Des stylobates criblés d'ouvertures, deux rangs de colonnes en porte-à-faux s'accordent mal avec l'idée d'une composition grave, et des couleurs dures, des teintes crues et luisantes achèvent de détruire tout l'effet que l'architecte a cherché dans un style sévère et grandiose.

Plans et élévation du Théâtre Feydeau.

3   6 Toises.   6   12 Mètres.

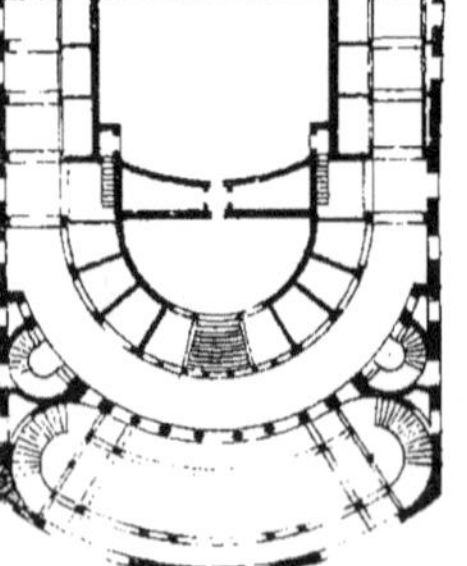

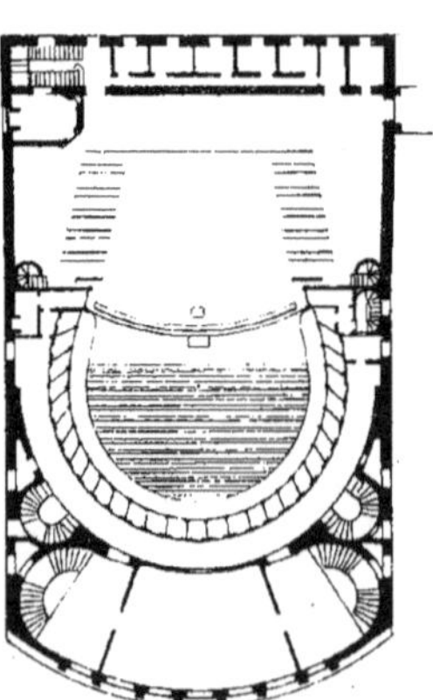

5   10 Toises.   10   20 Mètres.

Landon direx.t

Plan du rez de Chaussée.   Plan des 1res Loges.

THÉATRE FEYDEAU.

Cette salle, bâtie par MM. Legrand et Molinos , fut destinée au spectacle de l'Opéra-Buffa , et s'appela dans le principe, Théâtre de Monsieur. La troupe italienne en prit possession le 6 janvier 1791. Après avoir changé plusieurs fois de propriétaires, elle est occupée maintenant par les acteurs de l'Opéra-Comique, et porte le nom de la rue où elle est située.

Les maisons dont ce Théâtre est entourée de trois côtés en laissent à peine entrevoir la façade qui se présente obliquement sur un plan circulaire, et se compose de parties trop grandes, peut-être, pour son emplacement et pour son point de vue. Aussi doit-on regarder cet édifice moins comme un monument que comme une construction érigée avec célérité, et au milieu de difficultés insurmontables. Dans l'impossibilité de lui donner à l'extérieur le caractère convenable , et l'isolement sans lequel un théâtre produit toujours un effet médiocre, MM. Legrand et Molinos se sont appliqués à en soigner l'intérieur, autant que les localités ont pu le permettre.

Il s'agissait d'élever sur un terrain resserré une salle assez vaste, et de la rendre sonore : pour y parvenir, on n'a négligé aucune des précautions nécessaires, telles que la disposition des loges en amphi-théâtre ; la forme parabolique du plafond revêtu en bois choisi et assemblé avec le même soin que le fond d'un instrument à cordes ; enfin l'orchestre des musiciens voûté aussi paraboliquement en contre-bas du plancher, de manière à renvoyer avec harmonie dans la salle les plus doux accompagnements, et les solos les plus fins et les plus déliés.

Les musiciens sont convenus que toutes ces précautions n'avaient point été vaines, et cette salle a acquis la réputation d'être très favorable à la musique.

On retrouve avec plaisir dans la façade un motif de composition qui ferait beaucoup d'effet, s'il était développé sur une plus grande ligne. Trois arcs percés dans le soubassement permettent de descendre de voiture dans le vestibule. Des caryatides d'un bon style forment l'accompagnement de sept arcades qui décorent le premier étage.

L'intérieur de la salle présente deux rangs de colonnes l'un sur l'autre, en avant des loges : ils se réunissent à une avant-scène formée par un arc en plein cintre qui porte de chaque côté sur un groupe de quatre colonnes. On vient de repeindre entièrement cette salle : il y aurait beaucoup à dire sur le choix des ornements et le ton des couleurs ; mais une critique raisonnée devient inutile, à présent qu'on traite la décoration d'une salle de spectacle comme un objet de fantaisie, pour lequel il suffit d'appeler le peintre et le marchand de papiers.

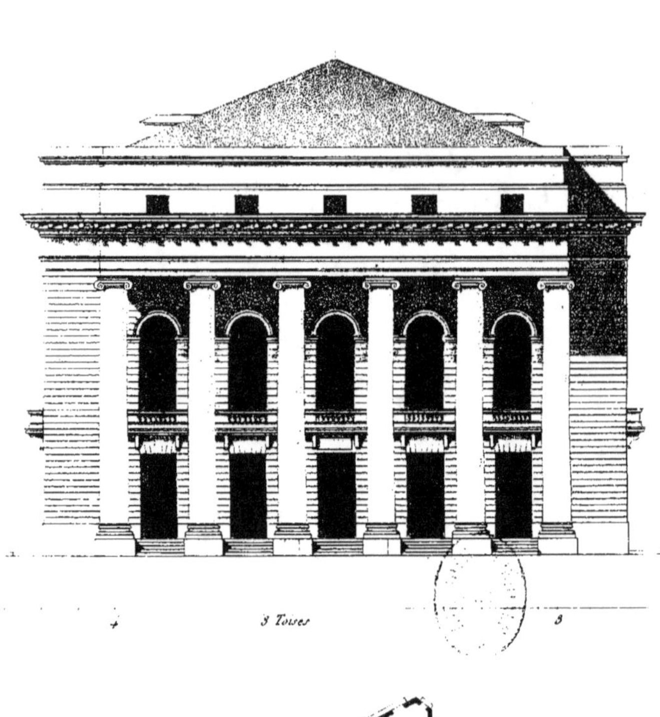

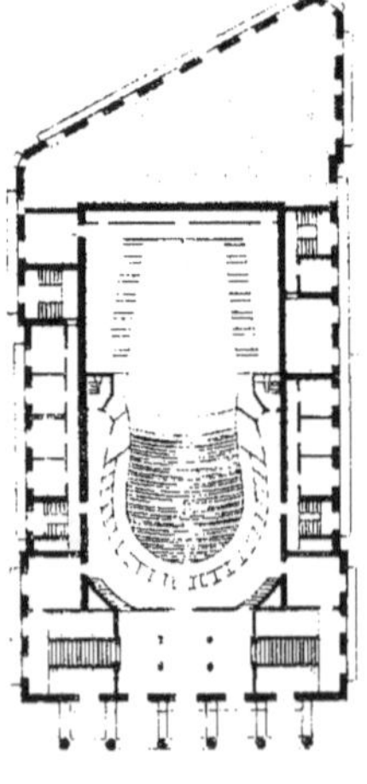

Plan et élévation du Théâtre des Italiens.

THÉATRE DES ITALIENS.

LES comédiens pour lesquels cet édifice a été construit ne jouaient plus de pièces italiennes depuis long-temps lorsqu'ils vinrent s'y établir en 1783, après avoir quitté la rue Mauconseil. Forcés par diverses circonstances d'occuper le Théâtre Feydeau, ils ont abandonné cette salle pour celle dont nous nous occupons, et qui justifie au moins son titre de Théâtre des Italiens, maintenant qu'on y joue l'Opéra-Buffa.

Un péristyle de six colonnes ioniques forme la façade de ce Théâtre : les proportions en sont mâles, et l'artiste s'est abstenu d'y introduire aucun ornement de sculpture. Un acrotère lisse couronne le dessus de l'entablement, et les joints horizontaux de l'appareil sont la seule richesse qui décore le mur du fond percé de baies, carrées au rez-de-chaussée, et cintrées en arcades au premier étage. La place sur laquelle donne cette façade est régulièrement bâtie et n'est pas très étendue, ce qui contribue à rendre les proportions de l'ordonnance plus imposantes. Mais cet avantage est peu de chose : il ne compense pas les nombreux inconvénients qui résultent du parti qu'on a pris dans la distribution du plan général.

On a lieu sur-tout de regretter que des prétentions ridicules de la part des comédiens, aient empêché l'architecte, M. Heurtier, de tourner la façade de son Théâtre du côté du boulevart. Il en serait résulté un bel effet de perspectives, et, sous tous les rapports, une meilleure distribution dans ce quartier neuf, bâti sur l'emplacement de l'hôtel de Choiseul. Cette remarque ne porte en aucune manière sur le talent de l'architecte; elle prouve seulement combien des spéculations d'amour-propre ou d'intérêt nuisent à la majesté de nos édifices et aux jouissances du public, et combien il serait essentiel de rejeter tous ces calculs lorsqu'il s'agit d'ériger un monument public.

Peu de temps après sa construction, cette salle subit à l'intérieur des changements considérables. De Wailly fit un quatrième et un cinquième rangs de loges, et trouva le moyen de pratiquer en face de la scène un vaste amphithéâtre.

En 1797 de nouvelles dispositions parurent nécessaires; elles furent confiées à M. Bienaimé. Il donna à la salle une forme spheroïdale, changea la disposition des loges, en supprimant celles de l'avant-scène pour former des escaliers, fit dans l'orchestre quelques changements favorables au son des instruments, et donna un aspect nouveau à la décoration générale. Tout cela était bien conçu; on y a pourtant touché à deux reprises différentes, et probablement une autre administration voudra encore y mettre du nouveau, n'importe de quelle façon.

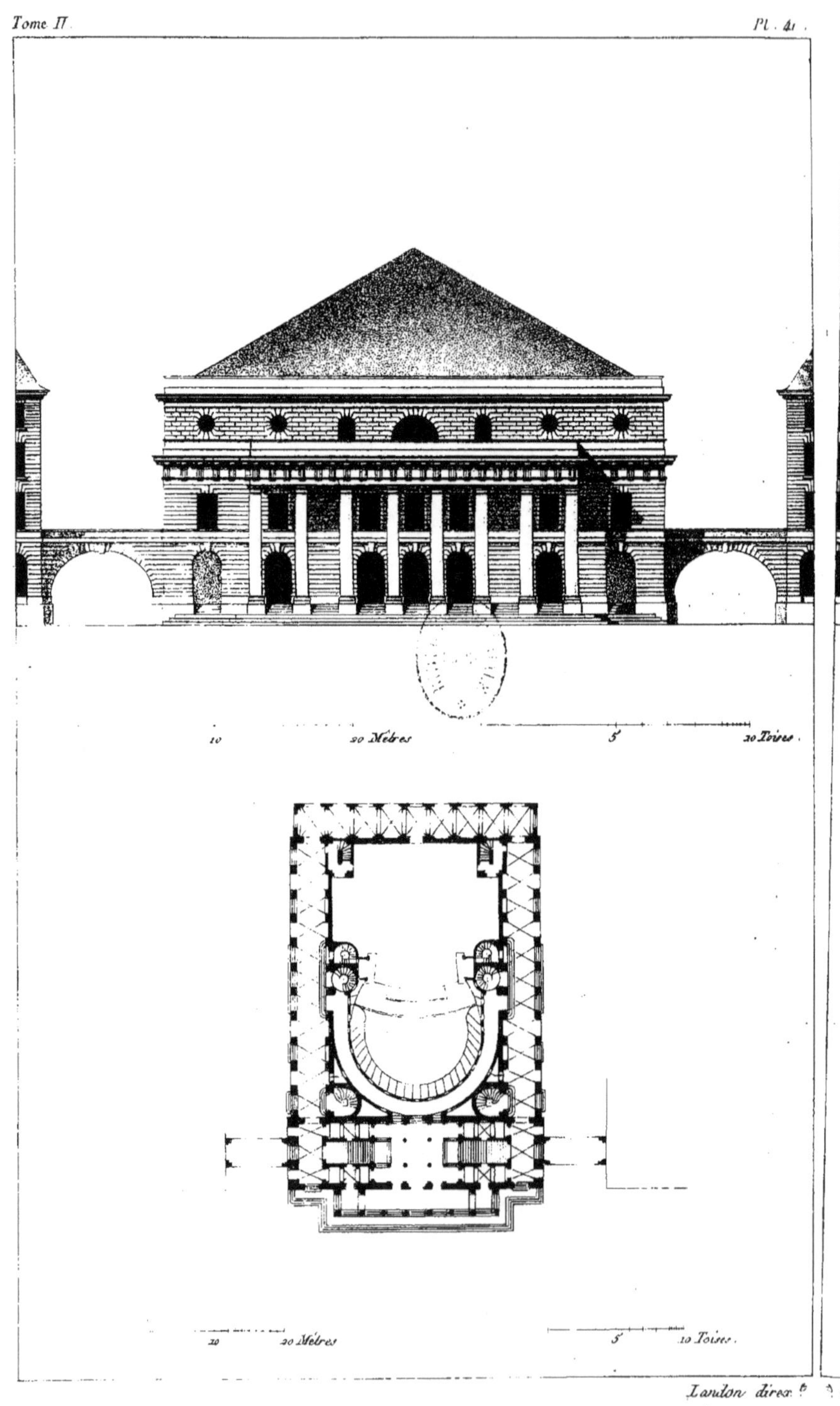

Plan et élévation du Théâtre de l'Odéon.

THÉATRE DE L'ODÉON.

C'EST, à proprement parler, le seul Théâtre digne de ce nom qu'il y ait à Paris ; les autres portent plus ou moins le cachet de la mesquinerie, celui-ci présente l'aspect d'un véritable monument public ; il ne fut point entrepris dans les vues d'un sordide intérêt, et il est l'ouvrage de deux hommes d'un grand talent, de Wailly et Peyre l'aîné. Les Comédiens du Roi, pour lesquels il avait été destiné, s'y installèrent en 1782.

La salle était décorée avec beaucoup de richesse et d'élégance, de Wailly excellait dans ce genre ; en 1794 elle fut barbouillée des couleurs les plus disparates, et prit le nom grec qui lui est resté. Mais toutes les constructions intérieures furent consumées par le feu au mois de mars 1799 ; il ne resta que les gros murs, et, depuis cet incendie, le bâtiment était abandonné. On voulut le rendre à sa première destination vers 1807 ; Chalgrin fut chargé d'en rétablir l'intérieur, et d'y faire au-dehors quelques additions qui parurent nécessaires.

Ce monument est isolé : il est décoré, du côté de l'entrée, d'un grand péristyle de huit colonnes doriques, dont l'entablement règne sur les quatre faces.

Celles-ci offrent ensemble quarante - six arcades au rez-de-chaussée, et le même nombre de croisées au premier étage. Le second et le troisième sont éclairés par des jours pratiqués dans les métopes de la frise et dans l'attique. Sur toutes les faces sont tracés de bas en haut des joints d'appareil sans autre décoration. La face principale est appuyée de deux grandes voûtes dont le dessus est en terrasse, et sous lesquelles on descend de voiture à couvert. Trois galeries publiques se lient avec le porche et font le pourtour de l'édifice.

On peut trouver ce style trop sévère pour un Théâtre, mais il faut en louer la sagesse et la régularité. C'est un mérite assez rare dans tous les temps ; il l'était beaucoup en France il y a une quarantaine d'années, et nous pensons que la louange en revient plus particulièrement à Peyre l'aîné : le talent pittoresque de de Wailly se retrouvait dans l'intérieur de cette salle : on le reconnaît encore dans la disposition des deux escaliers principaux qui se réunissent au foyer du public. L'effet général en est resté le même, mais la restauration exécutée sans goût, a été peu favorable aux détails intérieurs.

Le plan de la salle est habilement tracé, et les loges sont heureusement disposées ; voilà tout ce que nous pouvons en dire, car tout ce qui tient à la décoration nous paraît bien négligé. On peut croire que Chalgrin, accoutumé à la grande architecture, aura abandonné le choix de ces détails au tâtonnement de quelque élève.

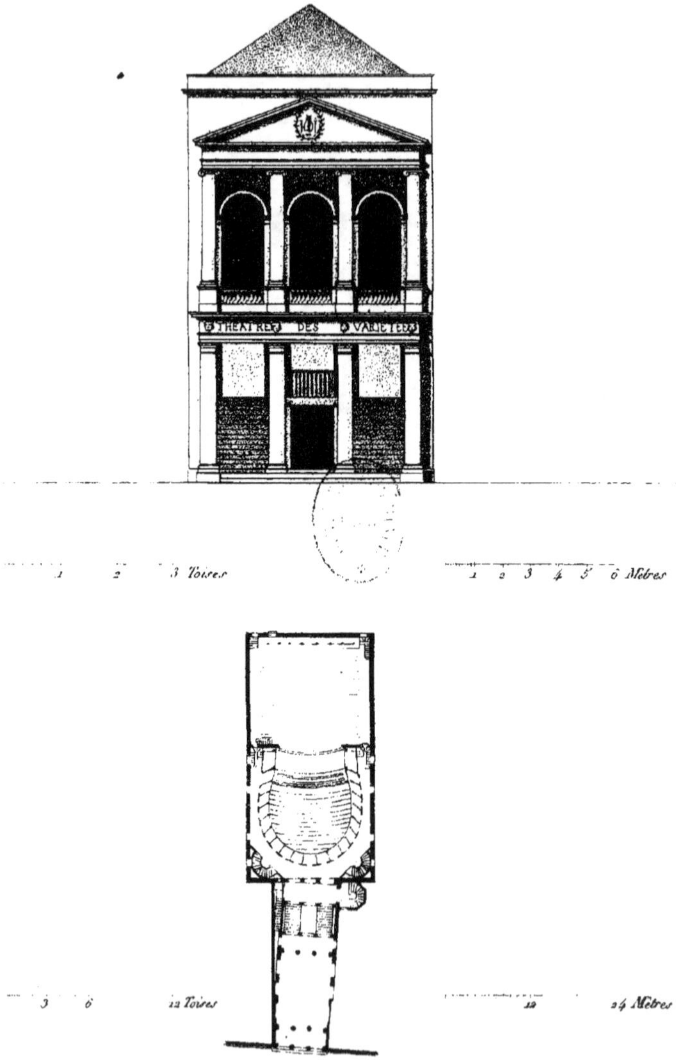

Plan et élévation du Théâtre des Variétés.

THÉATRE DES VARIÉTÉS.

La manière adroite dont ce petit édifice est disposé, prouve qu'un artiste habile peut vaincre toutes les difficultés. Rien de plus ingrat et de plus irrégulier que ce terrain ; cependant Cellerier en a tiré tout le parti possible, sans qu'on s'aperçoive de la gêne qu'il a dû éprouver. On demandait un théâtre pour des pièces d'un genre burlesque et populaire ; c'é-taient des tréteaux qu'il fallait : mais le goût du public, ayant donné de l'importance à ces farces, la salle qui leur était destinée n'a pu se passer de quelque agré-ment, et, dans le fait, celle-ci est la plus jolie de Paris.

L'entrée est agréable et commode ; elle offre un grand vestibule élégamment orné, au fond duquel on trouve deux rampes d'escaliers qui conduisent aux premières loges et au foyer. Cette pièce répond au vestibule ; elle est ornée de colonnes et de bustes, et se termine par une loge ayant vue sur le boulevart.

L'ensemble de la salle ne s'éloigne guère des dis-positions généralement adoptées pour cette espèce d'édifice. Des places bien ménagées, des peintures d'un bon choix décèlent une main également habile à distribuer et à décorer.

La façade est à deux étages tétrastyles. Les colonnes du rez-de-chaussée sont doriques, celles du premier étage sont ioniques : au-dessus est un fronton, et par derrière un amortissement. Nulle autre construction accessoire n'offusque cette décoration simple, légère et théâtrale. Ce petit monument est le fruit de beaucoup d'expérience et d'un talent consommé. Cellerier était fort âgé, lorsqu'en 1807 il a construit ce Théâtre.

L'irrégularité du terrain sur lequel est ce Théâtre, a complètement disparu ; mais elle tient à un grand inconvénient. La salle et le théâtre sont enclavés entre des maisons particulières qui en obstruent tous les abords. Il y a pourtant un petit couloir qui dégage un peu cet établissement, et serait de quelque secours en cas d'incendie, mais peut-être insuffisant. Il nous semble, qu'en bonne police, tous les théâtres devraient être isolés.

Plan et élévation du Théâtre des Jeunes Artistes.

THÉATRE

DES JEUNES ARTISTES.

DEPUIS la première édition de notre ouvrage, ce petit Théâtre où l'on donnait des divertissements et des pantomimes, s'est trouvé compris dans la suppression ordonnée par le Gouvernement. Il a été transformé en une maison particulière, et nous nous serions dispensés d'en reparler, s'il ne nous eût paru intéressant d'en conserver le souvenir.

Ce gentil Théâtre, situé sur le boulevart Saint-Martin, au coin de la rue Lancry, était un des plus agréables que l'on ait construits pour les spectacles d'un ordre inférieur. On le devait aux talents de Sobre, architecte, qui est mort jeune, mais qui a laissé quelques édifices dont la composition ne manque pas de mérite.

La gravure de la face principale présente une masse dont les dimensions offrent entre elles un rapport agréable de proportion. Une grande partie lisse est surmontée d'un entablement et d'un fronton d'ordre dorique : elle encadre et fait ressortir d'une manière piquante trois arcades que supportent quatre colonnes de proportion ionique, avec un chapiteau composé. Au-dessus des trois arcades, quatre génies ailés sculptés en bas-relief, soutiennent des guirlandes.

Tout le plan est compris dans un parallélogramme ayant deux fois et demi sa largeur : il est simple et bien entendu. Le porche donne entrée à un vestibule; ce dernier conduit à deux escaliers et aux corridors qui environnent la salle au rez-de-chaussée. Le foyer est placé au-dessus du vestibule; il a sous le porche trois porte-croisées qui ouvrent sur un balcon saillant. La salle est longue et étroite, mais distribuée d'une manière commode : on se rappelle qu'elle était décorée simplement et avec goût, quoiqu'elle ne sortît pas du genre qui lui était convenable.

DES AUTRES ÉDIFICES

D'UTILITÉ PUBLIQUE.

—

Après avoir donné dans cette partie de notre Ouvrage les dessins des édifices d'utilité publique qui
nous ont paru les plus intéressants, nous allons rassem-
bler sous leurs titres respectifs, et décrire avec briè-
veté quelques autres monuments du même genre qui
peuvent se passer de planches explicatives.

PLACES PUBLIQUES.

Les quatre places décrites au commencement de
ce volume sont proprement les seules qui soient entourées d'édifices remarquables, et qui aient par con-
séquent un certain caractère architectural. Toutes les
autres, quoique nombreuses, ne présentent que des
espaces plus ou moins vastes et réguliers, dont la
principale décoration est due à quelque monument
particulier. On peut en distinguer néanmoins quelques unes, comme la place Dauphine, la place Beauveau et celle de la Chambre des Députés, qui se font
remarquer par leur symétrie ou leur disposition.

La *Place Dauphine*, dont la forme est triangulaire, fut construite en partie sur un terrain factice, et ornée de bâtiments réguliers en pierre et en brique, vers les dernières années du règne de Henri IV. On lui donna le nom qu'elle porte en l'honneur du Dauphin, qui fut depuis Louis XIII.

La *Place de Beauveau* forme un demi-cercle, dont le diamètre est dans l'alignement de la rue du Faubourg-Saint-Honoré : une avenue des Champs-Élysées y aboutit en face d'une colonnade qui sert d'entrée à l'hôtel de Beauveau : les autres édifices sont de belles maisons particulières.

La *Place du Palais des Députés* est quadrangulaire, et les façades qui la décorent, quoique simples, produisent un effet agréable par la régularité de leurs proportions.

D'autres places se font remarquer par une disposition pittoresque, comme celles de *Saint-Étienne-du-Mont*, de la *Sorbonne* et de *Notre-Dame*, dont les côtés sont ornés de fabriques d'une architecture variée.

Nous regretterions de finir cet article sans consigner ici les noms des trois statuaires auxquels on devra les monuments qui vont remplacer bientôt ceux qui décoraient jadis les places Royale, des Victoires, et de Louis XV. Ce sont MM. Dupaty, Bosio et Cartelier, artistes d'un mérite reconnu.

PONTS.

Il y a seize ponts sur la Seine, entre les barrières de

Paris. Douze sont en pierre, deux en pierre et en fer, un seul est en pierre, fer et bois, le dernier est en bois. On a vu plus haut la description des ponts de Louis XVI et des Invalides ; nous allons parler maintenant des autres en suivant l'ordre dans lequel ils se trouvent en descendant la rivière : le premier est le *Pont du Jardin du Roi.*

Les travaux de ce pont ont été commencés en 1800 sous la direction de MM. Becquey de Beaupré et Lamandé, ingénieurs des ponts et chaussées. On lui donna d'abord le nom d'Austerlitz, en mémoire d'une célèbre bataille ; mais on a trouvé plus simple de le nommer comme il l'est aujourd'hui, parcequ'il se trouve en face du Jardin du Roi.

Il n'est pas le premier pont à plusieurs arches de fer établies sur des piles en pierre, le pont des Arts est antérieur de quelques années ; mais son importance le place au premier rang, même parmi ceux qu'on voit en Angleterre, où ce système de construction a pris naissance. Il exigea de la part du conseil général des ponts et chaussées la discussion la plus approfondie sur les moyens à employer pour prévenir les effets du vibrement occasioné par le roulage des voitures et principalement sur les précautions à prendre pour obvier aux inconvénients qui pouvaient résulter, dans un pont à plusieurs arches, de la dilatation ou de la condensation des fers, suivant les différentes températures. Il fut convenu que ce nouveau pont aurait cinq arches égales de cent pieds d'ouverture et de dix pieds de flèche, et que les piles de ces arches, au lieu de monter jusque dessous le plancher, s'arrêteraient à la hauteur des naissances pour recevoir des pièces triangulaires en fer fondu, auxquelles on donna le nom de coussinets. C'est avec ces coussinets implantés dans une coulisse de fonte encastrée elle-même dans le chaperon de la pile, que se rattachent les voussoirs en fer coulé qui composent les fermes des arches. La combinaison de tous ces moyens et la précision avec laquelle ils ont été mis en œuvre, méritent sans doute les plus grands éloges ; nous les accordons avec empressement aux habiles ingénieurs qui ont coopéré à ce grand ouvrage, mais nous sommes bien loin de partager l'enthousiasme que ces ponts de fer excitent chez quelques partisans des inventions modernes. Que dans les pays où la pierre manque, on cherche à y suppléer de quelque manière, c'est fort bien ; mais en France nous pouvons nous passer de ces méthodes plus ingénieuses que belles : sachons donc nous contenter des deux ponts en fer que nous possédons, ils prouvent suffisamment que nous ne sommes pas en arrière avec les progrès de la science.

Un petit pont de bois réunit l'île Louvier au quai de l'Arsenal ; il n'a rien de remarquable et ne sert que pour les chantiers établis dans cette île. On l'appelle le *Pont de Gramont*.

Le *Pont Marie* aboutit du quai des Ormes à l'île Saint-Louis ; il est situé sur le grand bras de la Seine. Christophe Marie, entrepreneur général des ponts de France, le construisit de 1614 à 1635 : ce fut probablement avec bien peu de soins, puisque vingt-trois ans après, en 1758, un débordement extraordinaire emporta deux arches de ce pont, et vingt-deux maisons des cinquante qui étaient bâties dessus. On doit au baron de Breteuil la démolition des vingt-huit autres maisons.

Sur la même ligne que le pont Marie est celui de la *Tournelle*. Ce même Marie ne fut pas plus heureux dans la construction de ce pont que dans celle du précédent. Bâti en 1620, le pont de la Tournelle fut, en 1637, renversé par un débordement, puis rétabli et emporté de nouveau; et enfin refait, tel que nous le voyons, vers l'année 1656. Au milieu du quatorzième siècle ce pont était en bois. On y fit en 1369 une tournelle carrée, dont il a retenu le nom.

Le *Pont de la Cité*, construit par Gauthey, ne lui fait pas honneur : les culées et la pile sont en pierre, les cintres en fer revêtu en bois. Il fut achevé en 1804, et servit quelque temps aux gens de pied et aux voitures. Déja tout délabré par plusieurs vices de construction, il vient d'être réparé ; mais depuis ce dernier travail, il n'est ouvert qu'aux piétons. Il y avait auparavant sur ce bras de la Seine un pont de bois établi vers l'an 1630 : les glaces de 1709 l'endommagèrent, on le rebâtit en 1717, et ce dernier, qu'on appelait le pont Rouge, avait été emporté par la débâcle de 1788.

Le *Pont au Double*, construit en 1634, supporte un des bâtiments de l'Hôtel-Dieu; mais en amont il y a un passage pour les gens de pied, qui payaient dans l'origine un droit fixé à un double tournois, à-peu près les deux tiers d'un liard.

Après ce pont vient celui de *Saint-Charles*; il ne sert que pour la communication des bâtiments de l'Hôtel-Dieu sur les deux rives du petit bras de la Seine. La salle Saint-Charles, fondée en 1606, lui a donné son nom, mais il remonte à une époque antérieure.

On sait qu'il y avait au quatorzième siècle un pont dit de la Planche-Mibray, entre la rue des Arcis et l'île de la Cité : emporté par quelque inondation, il fut remplacé sous Charles VI par un autre, que l'on nomma de *Notre-Dame*, et qui ne dura que quatre vingt-sept ans, les eaux l'ayant renversé en 1499, et avec lui soixante-deux maisons, qu'on y avait bâties en 1417. Le pont de pierre que l'on voit aujourd'hui fut commencé la première année du seizième siècle, et fut terminé en 1507. On le chargea, suivant la coutume du temps, de quantité de maisons qui furent abattues par les soins du baron de Breteuil. Il n'a rien de remarquable, quoiqu'il soit, dit-on, du dessin de Jean Joconde; mais on voit au milieu de la tête d'aval un bâtiment de charpente appelé la pompe Notre-Dame, dans lequel sont deux pompes qui fournissent de l'eau à plusieurs fontaines. La première de ces machines est de l'invention de Joly et donne 30 pouces d'eau; la seconde est due à Demanse, et produit 50 pouces. Elles furent construites en 1670 et refaites en 1708.

De l'autre côté de l'île est le *Petit Pont*, nommé

ainsi par opposition au grand Pont, aujourd'hui le Pont-au-Change. Ce sont les plus anciens de Paris, et leur existence remonte à l'origine de cette ville. Il en est souvent fait mention dans les chroniques, et l'on sait par elles que ce petit pont plusieurs fois emporté par des inondations, a été refait tantôt en bois, tantôt en pierre. Sa dernière reconstruction date de 1718 : il était alors presque ruiné : deux bateaux chargés de foin, auxquels le feu avait pris, s'arrêtèrent sous les arches et incendièrent les maisons qui étaient dessus. On profita de cet événement pour rebâtir le pont, mais on eut soin de ne pas le surcharger de bâtiments.

Le *Pont-au-Change* est sur le grand bras de la rivière : il existe de temps immémorial, et le plus ancien nom qu'on lui connaisse est celui de Grand-Pont. Rechercher à quelles époques il a été successivement renversé ou brûlé, construit en bois ou bien en pierre, serait chose très inutile. Nous dirons seulement qu'en 1621 il était en bois, et fut consumé par un incendie. Il fut rebâti en pierre de 1639 à 1647, par les propriétaires incommutables des maisons que l'on construisit dessus. Celles-ci furent, à leur tour, incendiées en 1739, et disparurent enfin en 1788. Du côté du grand Châtelet, la voie publique offrait une bifurcation, à la rencontre de laquelle on voyait un curieux monument de bronze érigé à la mémoire de Louis XIII, d'Anne d'Autriche et de Louis XIV jeune. Ces trois figures qui sont de Guillain, ont été conservées et se voient aujourd'hui au Musée des

Petits-Augustins, dans la salle d'introduction. La largeur du Pont-au-Change est extraordinaire ; elle est de 100 pieds. Il tient son nom des changeurs qui s'y établirent en l'année 1141, pendant le règne de Louis-le-Jeune.

En prolongation du Pont-au-Change, se trouve celui qu'on appelle *Saint-Michel*. C'est le quatrième qui ait été bâti en cet endroit. Le plus ancien est de 1387 ; il était en bois. Il fut refait en pierre en 1407, et on le nommait alors Petit Pont-Neuf. Cent quarante ans plus tard, il fut emporté par les glaces, et rebâti en bois ; enfin, l'inondation de 1616 le détruisit de nouveau, et la même année on commença à le rebâtir en pierre, aux frais des propriétaires des trente-deux maisons qu'on éleva dessus, et qui furent démolies en 1808. Le pont Saint-Michel est de tous ceux que nous venons de décrire le seul qui offre une décoration bien appliquée. La corniche est d'un bon profil, et les niches qui ornent le dessus de deux piles, faisaient un accompagnement convenable à la figure de Louis XIII à cheval, sculptée en bas-relief à l'amont et à l'aval du pont, au-dessus de la pile du milieu. Il serait à desirer qu'on mît quelque chose à la place de cette sculpture détruite pendant nos troubles civils. Nous ne voudrions pas cependant la voir rétablir telle qu'elle était, car cette place est inconvenante pour une figure équestre.

Androuet du Cerceau commença le *Pont Neuf* en 1578, sous le règne de Henri III, et Guillaume Marchand l'acheva en 1604, la quinzième année du règne de Henri-le-Grand. Ce pont célèbre est composé de deux parties inégales qui se réunissent à l'extrémité de l'île de la Cité : la première, au nord, a sept arches ; la seconde en a cinq : elles sont en plein cintre, sans archivolte ; mais l'entablement qui les couronne est d'une grande richesse : il présente dans toute la longueur du pont une série de consoles ornées chacune d'une tête humaine traitée dans le genre capricieux des artistes de ce temps-là. Au droit de chaque pile sont des culs de lampe en saillie circulaire, sur lesquels, il y a quarante ans, on bâtit de petites boutiques. A la réunion des deux parties du pont est une esplanade décorée du même entablement, qui vient d'être reconstruite ; c'est là que fut érigée en 1614 la statue de Henri IV : depuis 1792 elle n'existe plus, mais nous reverrons bientôt les traits chéris de ce monarque dans le bel ouvrage modelé par M. Lemot, qui doit être incessamment coulé en bronze. Nous jugerons d'une manière laconique le mérite de ce pont : il rappelle le style des ponts romains, et c'est le mieux composé de tous ceux de Paris.

Le *Pont des Arts*, construit par MM. de Cessart et Dillon a été achevé en 1804 ; il ne sert qu'aux piétons. Les arches en sont de fer coulé, les piles et les culées de pierre. L'assemblage et la combinaison des fers de ce léger pont méritent d'être étudiés par les constructeurs ; il pourra être de quelque utilité pour la science d'en faire la comparaison avec les procédés différents qui ont été adoptés pour le pont du Jardin du Roi.

Après la ruine d'un pont de bois construit en 1632 vis-à-vis de la rue de Beaune, Louis XIV fit commencer, en 1683, un pont de pierre qui fut fondé un peu plus bas que le précédent. On l'appelle le *Pont-Royal*. Il n'offre rien d'intéressant pour l'art, mais la construction en a été difficile. Ce fut un Dominicain, nommé le Frère Romain, qui vint à bout de surmonter les obstacles qui se présentèrent, soit pour les épuisements, soit pour les fondations. A cette époque, il n'y avait pas en France un corps d'ingénieurs chargés spécialement de cette partie des monuments publics, et les dessins du pont Royal furent demandés à Jules-Hardouin Mansard, comme premier architecte du Roi.

HALLES, MARCHÉS, ABATTOIRS.

La *Halle aux Draps* occupe le même local depuis plusieurs siècles : on la trouve indiquée sur un plan de 1400, publié par Dheuland. En 1786, MM. Legrand et Molinos la reconstruisirent, et lui donnèrent un aspect et une disposition très convenables. Elle est couverte d'après le procédé de Philibert de l'Orme, et c'est le seul exemple qu'il y ait à Paris de ce genre de toiture adaptée à des monuments publics.

La *Halle aux Veaux* est entre les rues de Pontoise et de Poissy ; elle était anciennement rue de la Planche-Mibray, et, depuis 1646 sur le quai des Ormes. En 1774, on construisit sur les dessins de Lenoir, l'édifice qui sert aujourd'hui au commerce des veaux et des suifs : c'est une grande halle remplissant bien sa destination , mais n'ayant pas ce caractère monumental qu'on n'aurait pas manqué de lui donner si elle eût été construite de nos jours.

L'enclos du Temple était privilégié ; plusieurs marchands y étalaient toutes sortes de vieilleries ; et ce commerce, qui se faisait en plein air, continue aujourd'hui sous de vastes angars construits à cet effet de 1809 à 1811, par M. Molinos, architecte de la Ville : on appelle ce bâtiment, *Halle au Vieux Linge.*

Les *Greniers de Réserve* ont été commencés en 1807 par M. Delannoy, sur l'ancien jardin de l'Arsenal : ils forment une longue ligne de cinq pavillons carrés, liés par quatre grands corps de bâtiment. Si l'on ne considère que l'utilité d'un édifice, celui-ci remplira certainement son but ; mais si l'on cherche en outre la concordance de tout ce qui peut charmer l'œil, il faut se décider à trouver quelques sujets de critique dans l'ensemble et les détails de ces immenses greniers. Nous nous abstiendrons cependant de faire aucun reproche à M. Delannoy ; tous ceux qui s'occupent des arts savent que cet architecte n'a pas été le maître de terminer son œuvre comme il l'avait conçu.

Bien que dans tous les temps il y ait eu à Paris des marchés couverts, nous ne les citerons pas néanmoins, parceque, pour la plupart, ils ont été détruits, et que ceux qui subsistent encore n'offrent rien d'agréable dans leur disposition. Les premiers mar-

chés que nous ayons vu construire avec quelque recherche sont, en 1809, celui des *Jacobins*, et, en
1812, celui des *Innocents*. C'était peut-être le cas
d'établir de belles toitures sur des colonnes de pierre
suivant un ordre régulier; mais l'économie a pré-
valu, et nous n'avons dans ces marchés que des abris
mesquins et bien combustibles.

Le marché à la *Volaille*, bâti en 1810 par M. Happe,
sur l'emplacement de l'église des Grands-Augustins,
présente, entre quatre murs percés d'arcades, trois
nefs parallèles, dont celle du milieu est plus large et
plus élevée que les deux qui l'accompagnent. Cet
ensemble est à-la-fois commode et grandiose.

Le marché des *Carmes*, près de la place Maubert,
a été commencé en 1815, et touche bientôt à son
achèvement; c'est M. Vaudoyer qui en est l'architecte. Il a quelque ressemblance avec celui de Saint-
Germain, et l'on serait porté à croire qu'il a été pro-
jeté sur des données prescrites.

M. de Lépine paraît avoir eu plus de latitude pour
le marché qu'il construit sur le terrain des Filles de
Saint-Gervais; cet édifice consiste en une vaste salle,
dont le plan rappelle celui du Temple de la Paix, à
Rome. L'entrée est une grande arcade, au travers de
laquelle on aperçoit d'abord l'intérieur du marché,
et ensuite un autre corps de bâtiment destiné à une
boucherie. Cette disposition, qui est fort bonne, a de
plus le mérite de ne pas répéter ce que nous avons vu
ailleurs.

Après avoir décrit l'abattoir du Mesnil-Montant,

nous pourrions nous dispenser de parler des autres, puisqu'ils ne présentent de différence essentielle que dans le nombre des bâtiments qui les composent ; mais nous ne voulons pas taire le nom des architectes estimables à qui nous devons ces productions intéressantes.

L'*Abattoir de Montmartre*, commencé par M. Bellanger, est maintenant sous la direction de M. Poidevin. Celui de *Grenelle* s'élève sous les ordres de M. Gisors jeune. Les deux autres ont pour architectes, celui d'*Ivry*, M. Leloir ; celui de *Mouceau*, M. Petit-Radel.

HOPITAUX.

Nous avons décrit les quatre hôpitaux qui, parmi vingt-deux que l'on compte à Paris, méritent le plus l'attention de l'architecte : quelques autres sont établis dans des maisons religieuses supprimées, ce sont principalement ceux de la *Charité*, de *Saint-Antoine* et du *Val-de-Grace*; nous en avons dit un mot aux articles qui concernent ces édifices.

L'hospice des *Quinze-Vingts* occupe l'hôtel bâti pour les Mousquetaires noirs en 1701. Ce local est commode et la distribution en est bien entendue : il fut affecté au logement des pauvres aveugles, en échange de l'hospice que saint Louis avait fondé pour eux dans l'année 1260, et qui était situé à l'endroit où se joignent les rues Saint-Nicaise et Saint-Honoré. Cette translation date de l'année 1779.

L'hospice des *Incurables*, rue de Sèvres, est un monument de la charité du cardinal de La Rochefoucauld : il fut fondé en 1637. Les bâtiments, construits par un architecte dont nous ignorons le nom, ne présentent pas d'intérêt à l'extérieur, mais ils sont distribués sur un plan qui peut soutenir la comparaison avec ce que l'on connaît de mieux dans ce genre. L'église est au milieu, et de chaque côté sont de grandes salles en croix, destinées, dans le principe, aux hommes et aux femmes. Aujourd'hui, l'on ne reçoit que les femmes dans cet établissement, les hommes sont admis dans l'ancien couvent des Récollets, rue du Faubourg Saint-Martin.

CASERNES.

Les casernes et autres bâtiments militaires ne comportent pas une grande richesse d'architecture : elle y serait déplacée; mais la simplicité qu'on veut dans ces édifices n'en exclut pas une certaine beauté mâle qui résulte d'une composition régulière et d'une exécution soignée. On trouve à-peu-près la réunion de ces qualités dans les casernes bâties vers 1788, sous la direction des ingénieurs militaires. Elles sont situées à la circonférence de Paris, dans les rues de Babylone, du Faubourg du Temple, du Faubourg Poissonnière, de Lourcine, de la Pépinière, de Popincourt, et dans la rue Verte.

L'*Hôtel des Gardes-du-Corps* n'est aussi qu'une caserne : seulement celle-ci, destinée à loger des troupes d'élite, est d'un genre plus relevé, qui a permis quelque recherche dans l'ordonnance générale. On voit bien que telle a été l'intention des ingénieurs, sur-tout pour la façade bâtie sur le quai, en 1807; mais l'effet n'a pas répondu à ce qu'on espérait, et il serait difficile de répartir les proportions respectives de quatre étages, d'une manière plus maussade. Cependant cette fabrique satisfait la vue par sa masse et son uniformité. La grande porte, ornée de deux colonnes, est couronnée d'un groupe de figures portant les armes de France, sculpté par M. Taunay. L'ajustement bien étudié de cette porte, et quelques autres détails semblent déceler la main d'un architecte distingué.

FONTAINES.

Si plusieurs de nos édifices publics peuvent rivaliser avec ceux de Rome, ce ne sont certainement pas nos fontaines; leur nombre, leur importance, comme monument, le volume d'eau qu'elles répandent, rien n'en peut être comparé à ce que présentait Rome ancienne et même avec ce qu'offre encore aujourd'hui cette ville célèbre dans les annales des beaux arts. On sait, par des calculs exacts, qu'il y arrivait anciennement, au moyen des aquéducs, un volume d'eau énorme, porté à 6944 pouces (1): présentement Rome

---

(1) Le pouce d'eau, coulant avec une vitesse moyenne, donne, en vingt-quatre heures, soixante-douze muids.

possède encore 1500 pouces d'eau répandus jour et nuit par de nombreuses fontaines. Auprès de cette abondance que notre pauvreté va paraître grande! En 1754, la ville de Paris ne possédait que 200 pouces d'eau, provenant de Belleville, des prés Saint-Gervais, de l'aquéduc d'Arcueil, et des pompes du pont de Notre-Dame; la machine de la Samaritaine n'avait été construite que pour l'usage du Louvre et des Tuileries. Au commencement du règne de Louis XVI, MM. Périer frères établirent les pompes de Chaillot et du Gros-Caillou, et ces deux mécanismes hydrauliques, mis en mouvement par la machine à vapeur, alimentèrent un peu plus abondamment les fontaines de la capitale. Enfin, l'entreprise du canal de l'Ourcq, dont nous ressentons déja quelques avantages, nous promet, dit-on, 10,000 pouces d'eau, provenant de la réunion de trois petites rivières. Sans doute alors des fontaines jaillissantes, des bassins, des piscines couvertes, des lavoirs et des abreuvoirs, dispersés dans les différents quartiers de la ville, offriront dans tous les temps, et avec profusion, cet élément de première nécessité aux citoyens qui le réclament avec instance.

Nous avons décrit les fontaines les plus considérables par leur masse, et les plus intéressantes sous le rapport de l'art. Il nous reste à dire quelque chose des autres monuments de ce genre, qui peuvent être divisés en deux classes; les anciennes fontaines, et celles qui ont été construites depuis quelques années à l'occasion du canal de l'Ourcq. Les premières, pour la plupart, ne sont que de petits édifices d'où sort un mince filet d'eau, telles que les fontaines des *Petits-Pères*, d'*Antin*, de la place *Saint-Michel*; quelques unes cependant se distinguent par une composition plus piquante.

On s'arrête avec plaisir devant la fontaine *Saint-Victor*, à cause de la manière ingénieuse dont elle est ajustée. C'est un vase chargé de festons, au-dessus duquel se rattachent les armes de la Ville. Une tourelle de l'ancienne abbaye sert de fond à cette sculpture, dont on attribue l'invention au cavalier Bernin. Quelques personnes pensent avec plus de fondement qu'elle est de Le Pautre.

La fontaine de l'*Échaudé*, dans la Vieille rue du Temple, est une petite tour octogone qui offre une légère ressemblance avec le monument connu sous le nom de lanterne de Démosthènes.

La fontaine que l'on voit à l'entrée de la rue *Saint-Louis*, au Marais, est un ouvrage de Le Pautre.

La fontaine de *la Naïade*, dans la rue des Vieilles-Haudriettes, a été bâtie sur les dessins de Moreau; le bas-relief qui en fait l'ornement est de Mignot.

Un avant-corps, décoré de deux pilastres d'ordre toscan avec fronton, le tout enrichi de glaçons, coquilles, et autres attributs, forme la fontaine de *Sainte-Catherine*, élevée en 1783 sur les dessins de Caron.

A la rencontre des rues de l'Échelle et de Saint-Louis, est la *Fontaine du Diable*. Sa décoration consiste en un obélisque, au bas duquel deux divinités des eaux supportent la proue du navire symbolique des Parisiens.

La fontaine du *Trahoir*, au coin des rues de l'Arbre-Sec et Saint-Honoré, est un château d'eau bâti par Soufflot, et orné de quelques sculptures, par Boizot, membre de l'ancienne Académie.

Le *Château d'eau*, sur la place du Palais-Royal, renferme des réservoirs pour les eaux de la Seine et d'Arcueil. Il fut élevé, en 1719, sur les dessins de Robert de Cotte, premier architecte du Roi. Un auteur contemporain a fait une savante critique de cet édifice : il lui eût suffi de dire que ce château d'eau ressemble à une habitation, et tout le monde eût été de son avis. Les deux figures qu'on y voit sont de l'un des Coustou.

Parmi les fontaines de construction nouvelle on cite celle *de la Victoire*, sur la place du Châtelet : elle jouit d'une certaine célébrité. Il est vrai que ce palmier symbolique entouré de quatre figures de vertus, et au-dessus duquel s'élève la Victoire, présente une idée heureuse; mais M. Bralle avait à faire une fontaine, et nous sommes forcés de dire qu'on ne trouve aucune analogie entre ce piédestal orné de cornes d'abondance, qui constituerait seul le monument d'utilité publique, et ce riche et brillant hors-d'œuvre qui le dénature tout-à-fait. La sculpture de cette fontaine est largement traitée, et fait honneur à M. Boizot.

Le reproche que nous faisons à M. Bralle, s'adresserait à M. Percier, pour son monument de la place

Dauphine, si la donnée essentielle du programme n'eût été de consacrer la mémoire du général Desaix. Ici la fontaine est, avec raison, subordonnée au groupe qui représente la Victoire couronnant le buste du guerrier. Cet ouvrage a été terminé en 1803, il est dû au ciseau de M. Fortin, ainsi que le bas-relief circulaire qui orne le piédestal.

On a vanté la fontaine de *Bacchus*, au coin de la rue Censier, par MM. Bralle et Valois : elle est joliment composée ; mais ce faune avec son outre, quelque bien sculpté qu'il soit, nous semble un contre-sens peu tolérable.

Dans la rue de Sèvres, près des Incurables, M. Bralle a fait une *Fontaine égyptienne* : c'est un massif à parois inclinées, couronné de l'entablement ordinaire aux temples de l'Égypte. M. Beauvallet est l'auteur de la statue que renferme la niche ; cette figure est symétriquement ajustée, comme celle d'Antinoüs.

Sur un massif élevé dans la rue de Popincourt, M. Fortin a sculpté un bas-relief qui offre la *Bienfaisance* entourée de plusieurs enfants. Cette fontaine est encore de M. Bralle, et nous semble une de ses meilleures compositions.

Vis-à-vis de l'Hôpital militaire de la Garde, rue Saint-Dominique, est la *Fontaine de Mars*. Ce dieu, accompagné de la déesse de la Santé, est représenté en bas-relief par M. Beauvallet, entre deux pilastres doriques qui portent un entablement complet. Le tout repose sur un piédestal, et sur un soubassement devant lequel sont des vasques où l'eau tombe.

Un bas-relief de Léda , par M. Vallois, fait tout le mérite de la fontaine que M. Bralle a bâtie dans la rue du *Regard*. Nous n'approuvons pas cette petite manière de faire couler l'eau par la tête du cygne; c'est, à notre avis, une pauvre invention qui dénature le sujet de ce bas-relief d'ailleurs bien composé.

ÉCOLES.

Comme l'enseignement appartenait presque tout entier à des corporations religieuses, il n'est pas étonnant que la plupart des colléges ou écoles soient établis dans des édifices destinés à d'autres usages, et manquent, par-là, du caractère spécial qu'on voudrait y trouver. Ainsi, la *Sorbonne*, le collége de *Louis-le-Grand*, d'autres encore, ne présentent dans leur ensemble que des agrégats de bâtiments où étaient logés sans beaucoup d'ordre, religieux, maîtres et élèves. Cet arrangement subsiste toujours, et nous ne voyons à noter, après ceux déja décrits, que deux édifices de cette classe; le *Collége Royal de France* et l'*École de Droit*.

Le premier de ces établissements est dû à la munificence du Père des lettres. Il renferme aujourd'hui dix-huit chaires, dont le plus grand nombre fut institué par François Ier. En 1610 on commença quelques parties de bâtiment, mais l'édifice, tel que nous le voyons, fut entrepris en 1774 sur les dessins de Chalgrin. Ce sont trois corps-de-logis qui environnent une cour ouverte entièrement sur la place Cambrai. Une porte en arcade, couronnée d'un fronton

orné de sculptures, est la seule décoration qui annonce l'entrée du *Collége de France*. On s'attendrait
à trouver dans cet édifice des salles dignes de sa noble
destination ; il n'en est rien : les auditoires sont petits,
sombres, et, sous tous les rapports, fort inconve-
nants. Chalgrin a sacrifié les élèves aux professeurs,
dont les logements occupent les étages supérieurs.

L'ancienne *École de Droit* était rue Saint-Jean de
Beauvais : en 1771, on lui destina l'emplacement qui
fait un des côtés de la place de Sainte-Geneviève.
Soufflot construisit le bâtiment neuf. L'architecture en est maigre et morcelée : elle n'est pas digne
d'accompagner le majestueux frontispice de l'église,
et l'on ne conçoit pas que l'auteur de cette grande colonnade ait appliqué d'une manière si gauche quatre
colonnes ioniques à la façade circulaire où est l'entrée de l'École de Droit.

BIBLIOTHÈQUES.

Depuis long-temps on s'étonne que la *Bibliothèque
du Roi* n'occupe pas un édifice convenable ; les précieuses collections qui la composent sont placées fort
à l'étroit dans plusieurs bâtiments, dont la plus grande
partie formait avant 1721 l'hôtel de la Banque, et
plus anciennement l'hôtel Mazarin. Nous indiquons
aux curieux, les peintures de Romanelli et autres artistes qui ornent les plafonds des salles et de la galerie, où sont renfermés les manuscrits. Au milieu de
la cour est la Diane en bronze, de Houdon. En re-

montant jusqu'à Charles V, premier fondateur de cette Bibliothèque, on trouve qu'elle a souvent changé de local : les édifices employés à cette destination ont été, suivant un ordre rétrograde, un hôtel de la rue Vivienne, en face de l'arcade Colbert; une maison de la rue de la Harpe; le couvent des Cordeliers; le collège de Clermont; les châteaux de Fontainebleau, de Blois, et primitivement la tour de la Librairie au Louvre. Peut-être sera-t-elle de nouveau reportée dans ce même palais, devenu depuis deux cents ans le sanctuaire des sciences et des arts.

De toutes les bibliothèques, celle de *Sainte-Geneviève* est la plus régulièrement disposée; elle occupe les parties supérieures du bâtiment conventuel, et forme une croix grecque, au centre de laquelle s'élève un dôme percé de huit croisées. Restout le père, qui a peint cette coupole en 1730, y a représenté saint Augustin transporté dans les cieux. Entre les armoires on voit quantité de bustes d'hommes célèbres, et cette décoration produit le meilleur effet. Les livres de l'archevêque de Reims, Le Tellier, légués par lui à la Bibliothèque de Sainte-Geneviève, en ont fait d'abord le premier fond : d'autres collections particulières ont ensuite augmenté ce dépôt, qui possède aujourd'hui de grandes richesses littéraires.

La *Bibliothèque Mazarine* renferme les livres imprimés qui avaient appartenu au cardinal Mazarin, mais non les manuscrits, qu'on jugea convenable de réunir à la Bibliothèque du Roi. Les livres qui ont échappé à l'incendie de la Bibliothèque de Saint-

Germain des Prés font maintenant partie de la Mazarine, dans laquelle on compte près de cent mille volumes.

Les grandes collections du marquis de Paulmy et du duc de La Vallière forment le principal fond de la *Bibliothèque de Monsieur*, placée dans les bâtiments de l'Arsenal.

La *Bibliothèque de la Ville*, transportée de l'hôtel de Lamoignon dans une maison de la rue Saint-Antoine, renferme tous les grands corps d'ouvrages qui peuvent être habituellement consultés, mais elle n'a rien de rare et de curieux.

Les écoles de Droit, de Médecine, des Mines, des Ponts et Chaussées, et généralement toutes les grandes institutions, possèdent des bibliothèques, dont l'entrée est facilement permise à ceux qui font des recherches.

Tout ce qui tient à l'étude de l'histoire naturelle se trouve réuni au *Jardin du Roi;* mais la nombreuse collection de livres qu'on y voit est le moindre des trésors que renferme ce magnifique établissement; de nombreux échantillons des diverses productions de la nature y forment des suites rangées avec ordre dans plusieurs salles et galeries, et des plantes de tous les climats y végètent dans un vaste jardin ou dans des serres de toutes les températures. Tant de richesses ont été accumulées avec une persévérance incroyable par plusieurs savants, à la tête desquels on place le médecin Jean de La Brosse, qui obtint de Louis XIII, en 1635, l'établissement d'un jardin royal des plantes. Le cabinet d'histoire naturelle dut ses principaux accroissements à Buffon, qui, pendant son intendance, fit construire un bâtiment pour le renfermer. De nos jours, il a fallu agrandir cet édifice, et ces additions ont été faites avec intelligence par MM. Legrand et Molinos. L'ensemble se compose de deux étages de galeries, où parmi les productions de la nature on voit avec plaisir deux ouvrages de l'art : une Vénus-Uranie, très beau morceau de M. Dupaty, et une statue de Buffon, faite en 1784, par Pajou. Le jardin renferme plusieurs fabriques à différents usages, amphithéâtres, serres, ménagerie; mais de tous ces bâtiments, la plupart construits à la légère, nous ne remarquerons qu'une belle orangerie, par MM. Legrand et Molinos, et l'amphithéâtre où se font les cours d'histoire naturelle. Ce dernier édifice est un pavillon isolé, dont les masses ont beaucoup de jeu ; c'est Buffon qui l'a fait élever sur les dessins de Verniquet : l'orangerie présente une longue file d'arcades portées sur des colonnes, et l'effet général en est satisfaisant.

BATIMENTS AFFECTÉS A DIVERS SERVICES.

L'hôtel de la Banque de France, avant de devenir par sa nouvelle destination un édifice d'utilité publique, avait long-semps servi d'habitation à plusieurs grands seigneurs : il fut construit en 1620 pour M. de la Vrillière par François Mansard ; le comte de Toulouse l'ayant acquis en 1713, y fit faire, par Robert de Cotte, de grandes additions et des embellissements magnifiques : à la mort de ce prince, cet hôtel passa au duc de Penthièvre, qui le posséda jusqu'à ce qu'il devînt propriété nationale. Ce fut alors que la précieuse collection de tableaux qu'il renfermait passa en différentes mains et fut en partie réunie au Musée. L'hôtel de Toulouse a été cédé, en 1811, à l'administration de la Banque de France, qui y a fait faire des travaux considérables, sous la conduite de M. Delannoy. La partie de cette restauration, dont le public jouit le plus, est ce qui a été fait pour donner un caractère monumental à l'entrée principale qui regarde la place des Victoires. On y reconnaît le talent d'un artiste exercé, qui ne se méprend point sur l'effet qu'il veut produire. L'ajustement de l'arcade avec un ordre dorique en pilastres est bien étudié, et des sculptures placées avec discrétion enrichissent cette ordonnance sans la surcharger.

Nous avons parlé, tome I, page 179, de l'ancienne maison claustrale de Saint-Martin-des-Champs, qui renferme aujourd'hui le *Conservatoire des Arts et Métiers*. On retrouve dans cet établissement toutes les inventions de l'industrie humaine, depuis les outils les plus simples jusqu'aux machines les plus compliquées. Différents modèles d'ateliers, soigneusement exécutés, enrichissent cette collection, dont la vue excite l'intérêt de toutes les classes de la société.

Il existe, sous le nom de *Manufactures Royales,* trois établissements spéciaux, dont les produits étaient originairement affectés à l'ameublement des palais du monarque. Ce sont : les *Gobelins ,* la *Manufac-*

ture des glaces, et la *Savonnerie*. Tout le monde, à la vérité, peut faire confectionner différents ouvrages dans ces manufactures, mais, excepté les glaces, dont le prix est à la portée de toutes les fortunes, il est rare que les riches tapis de la Savonnerie, les magnifiques tentures des Gobelins, soient acquis par de simples particuliers.

Henri III est le fondateur de la manufacture dite de la *Savonnerie*: elle fut établie à Chaillot, sur le bord de la Seine, en 1604. On y fabrique, à la façon des Orientaux, des tapis qui, par la vivacité de leurs couleurs, rivalisent avec ce qu'on fait de plus éclatant dans l'Inde, et qui, par l'élégance de leurs dessins, surpassent, sans contredit, tout ce qu'on a tenté de faire dans d'autres pays. Le tapis le plus considérable qu'on ait jamais fabriqué est sûrement celui qui a été fait à la Savonnerie pour la grande galerie du Louvre : il est en soixante-douze pièces, formant ensemble plus de treize cents pieds de longueur.

La manufacture des *Glaces*, dans la rue de Reuilly, est un superbe établissement, qui s'éleva, en 1664, sous le ministère de Colbert : on y envoie, toutes brutes, les glaces qui sortent des fourneaux de Saint-Gobin, et c'est là qu'elles reçoivent le poli et qu'elles sont mises au tain avant de passer dans le commerce. Il est sorti de ces ateliers des glaces de 60 pouces de largeur et de 120 pouces de hauteur; ces morceaux prodigieux ont été envoyés en présent à l'empereur de la Chine.

Pendant le règne de François Ier, Gilles Gobelin,

excellent teinturier, s'établit, au faubourg Saint-Marceau, sur les bords de la Bièvre : les eaux de cette petite rivière furent trouvées très bonnes pour les teintures, et l'établissement de *Gobelin* prospéra entre les mains de ses successeurs, jusqu'à ce qu'en 1664 Louis XIV résolut d'en faire une manufacture royale pour les meubles de la couronne. La fabrique des tapisseries en haute et basse lisse fit toujours le fond de l'établissement, mais le roi y joignit des ateliers de marqueterie et d'orfévrerie, d'où sortirent bientôt les meubles les plus riches et les plus somptueux. Charles Le Brun fut nommé directeur de cette maison royale, et rien ne s'y exécutait sans son approbation. Il fit lui-même, pour y être copiée en tapisseries, la fameuse suite des batailles d'Alexandre. C'est encore, parmi beaucoup d'autres tentures précieuses, celle qui attire le plus les regards du public ; cependant on voit dans la galerie des Gobelins plusieurs morceaux modernes qui attestent l'habileté des ouvriers et le mérite des peintures originales.

Ces trois établissements, fort remarquables par leur importance, n'ont rien de curieux sous le rapport de l'architecture : ils ne présentent qu'une réunion d'ateliers placés au hasard, suivant l'irrégularité du terrain ; mais rien n'y manque à l'utilité, à la commodité, et c'est vraiment le plus essentiel.

L'administration du *Timbre* a ses bureaux dans la rue de la Paix : ils occupent une partie du couvent des Capucines, et, pour masquer ces bâtiments délabrés, on chargea Bénard de leur faire une façade : ce n'est qu'un grand mur terminé par un entablement dorique et percé d'une seule porte cintrée. Mais quelques motifs de sculptures, des parties lisses, et d'autres en bossages, empêchent cette paroi d'offrir un aspect monotone. L'architecte a bien mis un peu de prétention dans cette ordonnance, mais on la lui pardonne volontiers, parcequ'elle fait ressortir avantageusement l'édifice et lui donne un caractère monumental qui le distingue des maisons voisines.

THÉATRES.

Nous avons dit précédemment avec quelle promptitude l'architecte Lenoir avait élevé, pour l'Opéra, le théâtre de la *Porte-Saint-Martin*. Cette salle, qui ne devait être que provisoire, subsiste encore après un laps de trente-cinq années. L'intérieur, plusieurs fois repeint et modifié, a conservé le mérite d'être vaste. La façade sur le boulevart est privée des grands ornements de l'architecture, mais elle est décorée avec élégance. Huit figures en terme accompagnent les trois entrées, et des colonnes ioniques, correspondant à ces caryatides, portent trois grandes arcades, au-dessus desquelles est un bas-relief.

Cellerier construisit le théâtre de l'*Ambigu* en 1772 : la salle de ce spectacle est d'une architecture moresque, légère et gracieuse ; la façade, d'un autre style, présente une ordonnance ionique enrichie de plusieurs bas-reliefs.

Le théâtre de la *Gaieté*, agréable à l'intérieur,

n'offre aucune décoration du côté de l'entrée. Nous desirerions qu'il fût possible de rebâtir cette salle de spectacle un peu plus loin, derrière une charmante façade, seul reste d'un théâtre que M. Henri avait construit, et qui a été incendié il y a environ vingt ans. Ce morceau d'architecture, composé d'un porche de six colonnes doriques, portées par un soubassement percé d'arcades, se fait distinguer des connaisseurs par la régularité et la légèreté de ses proportions.

Le théâtre du *Vaudeville* est placé dans un local très incommode, et n'a jamais été remarqué sous le rapport de l'art; seulement on trouve le vestibule et sa double entrée arrangée d'une manière commode pour la circulation des voitures.

La salle de *Louvois* a été bâtie par Brongniart sur la fin du siècle dernier. Elle est fort simple, et nous n'en aurions rien dit, si l'on ne parlait de la rouvrir et d'y transférer l'*Opéra-Buffa.*

Une autre salle actuellement inoccupée est un modèle de cette architecture légère qui charme les gens du monde : elle a été bâtie par M. Damême, en 1796, et porte le nom de *Théâtre Olympique;* on y arrive par une cour entourée de portiques.

BARRIÈRES.

Des cinquante-cinq barrières de Paris, nous en avons gravé trois comme échantillons de la variété que Ledoux a su mettre dans ses dessins. Nous allons donner quelques lignes à celles qui se font distinguer par la pureté ou l'originalité du style.

En suivant les boulevarts et commençant à la Rapée, la première barrière à remarquer est celle de *Bercy*. Elle se compose de deux temples exastyles, dont les moulures de l'entablement sont supprimées, à la réserve d'une doucine qui sert de corniche sur les parties latérales et le long des frontons. Il résulte de cette licence une sorte de sévérité qui ne fait pas mal.

A l'avenue de *Reuilly* on voit une rotonde charmante à fond de brique, entourée d'un péristyle de vingt-quatre colonnes portant des arcades.

La barrière de la *Chopinette* offre, au milieu d'une façade terminée par un fronton sans base, un porche hémi-circulaire entouré de six colonnes doriques. Cette décoration est répétée du côté de la ville.

Le plan de la barrière du *Combat* est un triangle à pans coupés; sur chaque face s'élève un frontispice de quatre colonnes. Une toiture en calotte surmonte le tout, et lui donne un aspect pittoresque.

Il n'y a qu'un pavillon de la barrière *Saint-Denis* qui soit terminé. Des arcades, d'une bonne proportion, en font le principal ornement.

La barrière *Blanche* est assez riche : sa façade est percée de trois fenêtres, qui sont décorées de colonnes portées sur des consoles. Cet ajustement, un peu lourd, est d'un bon motif.

La barrière de *Chartres*, enclavée dans le jardin de Mouceau, est sans doute une galanterie des fermiers-généraux au duc d'Orléans. Ce joli pavillon, en forme de temple circulaire, avec un portique de seize colonnes, produit l'effet le plus aimable.

On se méprendrait aisément à la barrière de *Cour-celles* : c'est un temple dorique périptère, à six colonnes de face et à huit sur les côtés. Cet édifice conviendrait mieux à une chapelle de dévotion qu'à des bureaux de recette.

Ledoux a échoué complètement dans la composition de la barrière du *Roule* : ce massif bâtiment de quatre étages, n'a rien qui pique la curiosité.

La barrière de *Neuilly* a été décrite au chapitre des Tuileries, tome I, page 230.

La barrière de *Passy*, à laquelle aboutit la route de Versailles, présente aux voyageurs une façade surmontée d'un fronton et richement décorée de sculptures. Dans le bas est un portique de six colonnes doriques, derrière lequel s'enfonce une grande niche circulaire dont la voûte reparaît au-dessus de l'entablement et forme un cul de four enrichi de caissons ; à droite et à gauche de ce bâtiment sont deux grilles appuyées contre des piédestaux qui supportent les figures colossales de la Bretagne et de la Normandie.

Près de l'*École Militaire* est une des plus nobles productions de Ledoux. Les faces principales de deux bâtiments parallèles à la route n'ont d'autre ouverture qu'un porche en niche d'une grande proportion : des frontons régnant sur les quatre faces, un attique circulaire couronnant chaque pavillon, constituent de grandes masses sur lesquelles la sculpture a étalé beaucoup de magnificence. Une demi-lune, terminée par deux guérites d'observation, ajoute à l'ensemble grandiose de cette barrière.

A l'extrémité de la rue des *Fourneaux* est une barrière condamnée : on regrette, en la voyant, qu'elle ne se trouve pas sur un passage fréquenté, car, malgré la bizarrerie de son architecture, elle annonce, plus que d'autres, le mérite de son auteur.

La barrière du *Mont-Parnasse* est à citer pour sa composition monstrueuse. Le dessinateur y remarquera des entre-colonnements à moitié bouchés par de gros bossages qui passent d'une colonne à l'autre ; le constructeur y verra des murs en pierre de taille s'élevant en sur-plomb sur des soubassements de brique.

La barrière d'*Enfer* est d'un style assez pur ; elle consiste en deux grands pavillons, dont le rez-de-chaussée est percé d'arcades bien proportionnées, et soutenues sur des colonnes à bossages.

Non loin de là se présente une fabrique agréable : la barrière de *Lourcine* est un petit temple dorique amphiprostyle, tétrastyle. Les détails en sont fins, et le mélange de la pierre et de la brique les fait valoir d'une manière avantageuse.

Depuis plusieurs années, les *cimetières* ont été transférés hors de l'enceinte de Paris : nous les indiquons parcequ'ils renferment quelques tombeaux intéressants. Le principal est celui du P. de La Chaise ; les autres sont à Montmartre et à Vaugirard. Les *Catacombes*, dont l'entrée est près de la barrière d'Enfer, appellent aussi la curiosité du voyageur,

FIN DE LA TROISIÈME PARTIE.

TABLE

DE LA TROISIÈME PARTIE.

Autres édifices d'utilité publique non gravés.

ERRATA. Page 9, ligne 20, Briard fils, *lisez* Biard fils.
page 316, ligne 11, Grois fils, *lisez* Gois fils.

FIN DE LA TABLE DE LA TROISIÈME PARTIE.

DESCRIPTION DE PARIS.

QUATRIÈME PARTIE.

DES ÉDIFICES PARTICULIERS.

En décrivant les églises, les palais et les monuments d'utilité publique, dans les trois premières parties de cet ouvrage, nous avons eu occasion de distinguer les époques auxquelles l'architecture a changé de style dans la construction de ces différents édifices. Ce changement n'est pas moins sensible dans ceux que nous allons examiner sous la dénomination d'hôtels ou de maisons particulières.

Jusqu'à la fin du règne de Louis XIV, le genre grave et sévère de l'architecture, dont les Philibert de Lorme, les Bullant, les Ducerceau nous ont laissé des modèles, a été généralement conservé par les Debrosse et les Mansard.

Sous le règne de Louis XV, le goût de l'architecture a dégénéré dans la décoration de la plupart des édifices particuliers bâtis par les architectes de ce temps. Mais la distribution intérieure, cette partie si essentielle des maisons d'habitation, a fait des progrès qui se sont encore accrus sous le règne suivant.

D'habiles architectes, tels que MM. Brongniart, Ledoux, Bellanger, Cellerier, Heurtier, Lemoyne, Peyre, Damême, et autres, la plupart encore existants, ont élevé, dans les quartiers nouveaux, un nombre considérable de maisons ou hôtels, dont la composition présente à-la-fois une décoration d'un goût neuf et varié, une distribution agréable et commode par la forme des pièces et par la facilité des communications adroitement ménagées.

Nous regrettons cependant de ne plus voir entrer dans la décoration des édifices privés ces chefs-d'œuvre de peinture et de sculpture qui ornaient d'une manière si convenable l'habitation du riche : ces ornements ne sont remplacés aujourd'hui que par des parures frivoles et légères, soumises à l'empire de la mode, et aussi peu durables qu'elle.

Nous pourrions ajouter à ces observations un reproche beaucoup plus grave sur la construction de quelques uns de ces nouveaux hôtels dont la solidité et la durée ont été sacrifiées, soit à la jouissance d'un boudoir ou d'un dégagement, soit à la symétrie d'une décoration plus régulière, pour lesquelles on n'a pas craint d'introduire et de laisser subsister des porte-à-faux et autres vices de construction.

Nous avons dit que dans le dernier siècle l'art de la distribution s'est considérablement perfectionné; il s'est même tellement étendu, qu'on pourrait distinguer aujourd'hui trois sortes de distributions, dont chacune est une branche de l'art, et constitue le talent particulier de certains architectes qui en ont fait leur étude spéciale.

L'espèce de distribution que nous plaçons au premier rang, parcequ'elle est la plus essentielle, et qu'elle s'est perfectionnée la première, est celle qui a pour objet l'arrangement, l'ordre successif des principales pièces qui composent les appartements de représentation, le choix de leur exposition et les lignes d'enfilades qui semblent les agrandir et dont elles s'embellissent; les couloirs, les escaliers de dégagement, et les pièces accessoires qui procurent à ceux qui les habitent une infinité de jouissances dont l'usage a fait autant de besoins.

Cette sorte de distribution est généralement portée dans les maisons les plus considérables comme dans les plus simples, à un degré de supériorité et de recherche qui semble ne plus permettre d'accroissement.

La seconde espèce de distribution dont les architectes modernes se sont occupés, particulièrement dans les maisons d'une certaine importance, est celle des masses des bâtiments : elle a pour objet l'effet pittoresque et séduisant de l'ensemble, à l'extérieur des édifices; la combinaison des corps saillants ou rentrants, les formes circulaires ingénieusement mêlées aux lignes droites; les péristyles, les terrasses, les perrons, les différences de sol entre les appartements, les cours et les jardins; enfin, l'art de ménager, sans sortir des salons, des points de vue intéressants par la situation de ces pièces, et par la disposition des croisées, des cheminées et des glaces.

La troisième espèce de distribution dont l'objet se lie naturellement au plan de cet ouvrage est celle des jardins.

En louant la beauté des parcs et des jardins plantés par Le Nôtre, et dont les plans, largement tracés, conservent toujours ce caractère de noblesse qu'on est forcé d'admirer, nous dirons néanmoins que si les jardins de Versailles et des Tuileries sont ce qu'il y a de plus parfait pour des promenades publiques ou pour accompagner le palais d'un souverain, les jardins modernes, quoique moins vastes et moins réguliers, sont dessinés d'une manière plus convenable et plus analogue aux besoins et aux goûts d'un particulier; quels que soient sa fortune et son rang.

Ces jardins, d'un aspect pittoresque et d'un genre nouveau, semblent offrir dans un même espace plus d'étendue, plus de variété, de fraîcheur et de solitude que les carrés d'un parterre, bordés de plate-bandes, et séparées par des allées droites et symétriques. L'inégalité du terrain, loin d'être un obstacle qu'il faut aplanir, devient au contraire une source de moyens heureux pour faciliter le jeu et la conduite des eaux, et varier les plans et les points de vue.

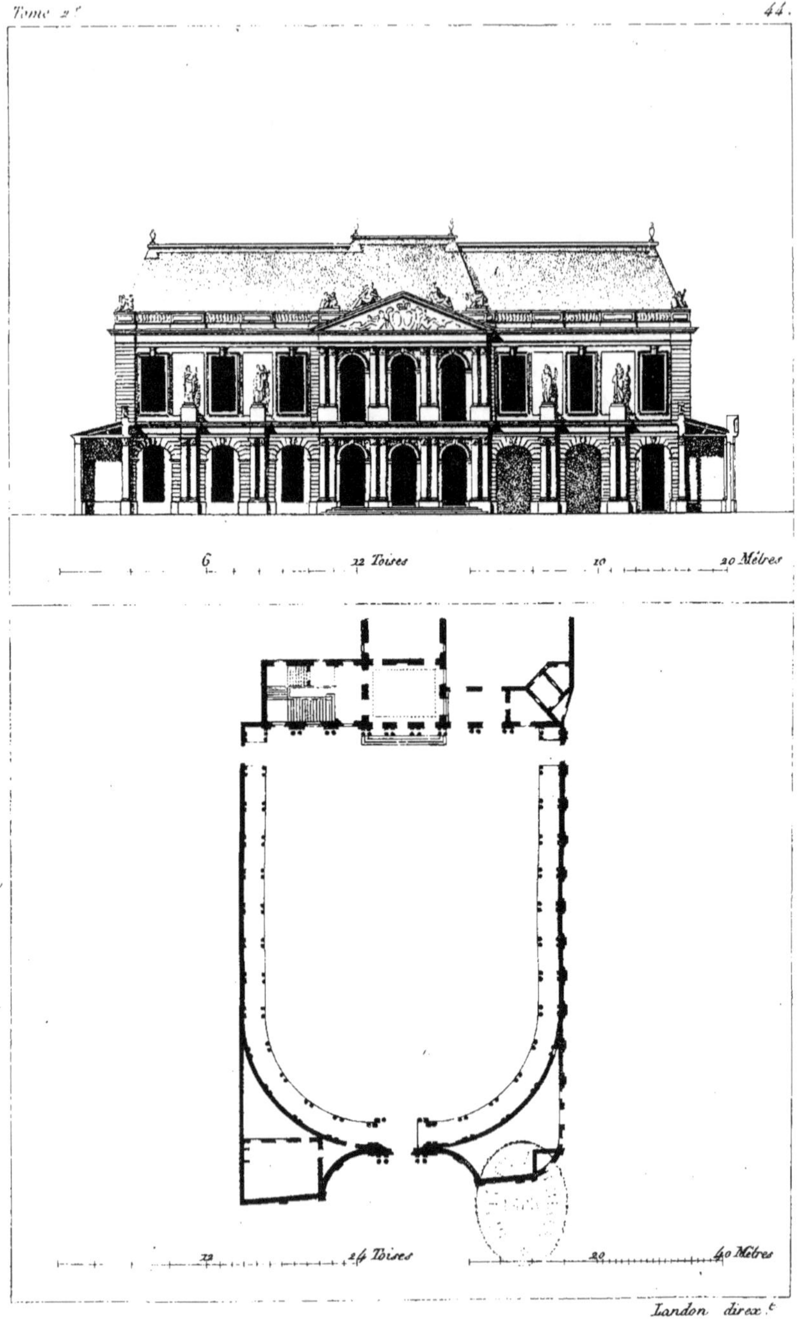

Landon direx.ᵗ

Plan et Façade de l'Hôtel de Soubise.

L'HOTEL DE SOUBISE,

(Au Marais.)

—

CET ancien hôtel était, sous les rois Charles V et Charles VI, la demeure du connétable Olivier de Clisson. On l'appelait alors l'hôtel des Graces ou de la Miséricorde, parcequ'après une émeute populaire, arrivée en 1392, Charles VI y fit assembler les principaux bourgeois de la ville, leur fit grace, et convertit en une amende pécuniaire la peine capitale que plusieurs d'entre eux avaient encourue.

Cet hôtel a passé ensuite de la maison de Lorraine aux ducs de Guise, et en a porté le nom jusqu'en 1697. Ce fut Henri, premier du nom, duc de Guise, qui fit construire, par Lemaire, le principal corps d'hôtel qui s'étend depuis la rue du Chaume jusqu'au jardin, et dont la façade donnait immédiatement sur la rue ou passage qui conduisait de la rue du Chaume à la Vieille rue du Temple. La grande rue n'existait pas alors. La porte d'entrée était en pan coupé, sur l'angle de la rue du Chaume et de ce passage : elle était accompagnée de deux tourelles en saillie, que l'on voit encore, et entre lesquelles était la chapelle, ornée de peintures à fresque, par Nicolo del Abate, peintre florentin, que François Ier avait fait venir d'Italie pour décorer le palais de Fontainebleau.

En 1697, François de Rohan, prince de Soubise, acquit cet hôtel des héritiers de la duchesse de Guise, et le fit considérablement augmenter et embellir; la cour d'honneur y fut ajoutée, avec une nouvelle entrée principale sur la rue de Paradis, et faisant face au bâtiment. L'ancienne porte (1) a été retournée dans l'alignement de la rue du Chaume, en face de la rue de Braque et de l'ancien passage, lequel est resté ouvert au public, quoique traversant tout l'hôtel, sous les fenêtres mêmes du principal bâtiment. Cette espèce de servitude que s'était imposée le propriétaire a été conservée long-temps, par respect pour un ancien usage auquel le public était accoutumé : la révolution l'en a affranchi.

La façade de l'ancien bâtiment a été décorée, au rez-de-chaussée, de seize colonnes d'ordre composite, accouplées, dont huit forment un avant-corps au milieu, surmonté d'un second ordre de colonnes corinthiennes, couronné d'un fronton. Les huit autres colonnes du rez-de-chaussée supportent quatre statues qui représentent les quatre Saisons; au-dessus du fronton sont deux autres statues, la Force et la Sagesse.

La nouvelle cour a 31 toises de longueur sur 20 de largeur. L'extrémité qui fait face au bâtiment est de

---

(1) Cette porte, au lieu d'être à gauche, se trouve à droite sur la planche, par une méprise du graveur qui a oublié de retourner son calque.

forme elliptique ; elle est entourée d'une galerie de cinquante-six colonnes accouplées, d'ordre composite, et d'un pareil nombre de pilastres correspondant aux colonnes. Cette galerie est couverte en terrasse ; une balustrade règne tout au pourtour ; l'ensemble en est grand, riche et d'un bel effet. La porte d'entrée principale est également décorée en dehors et en dedans de colonnes accouplées, composites du côté de la cour, mais corinthiennes à l'extérieur, et formant sur chaque face un avant-corps : il était couronné de grands écussons aux armes du prince, accompagnés de figures allégoriques représentant, du côté de l'hôtel, la Prudence et la Renommée ; du côté de la rue, Hercule et Pallas. Il y avait encore sur la balustrade plusieurs trophées d'armes de distance en distance.

Ces travaux, commencés en 1707, ont été dirigés par Germain Boffrand ; toutes les sculptures sont dues au ciseau de Lorrain, excepté les deux figures à l'extérieur, sur la porte, sculptées par Coustou le jeune, et les trophées exécutés par Bourdy : ces morceaux de sculpture ont disparu lors de l'abolition des armoiries en France. Les figures des Saisons ont resté sur la face du bâtiment.

Le vestibule et l'escalier, beaux et vastes, ont été décorés de peintures par Brunetty. Une salle d'assemblée renfermait des tableaux peints par Restout ; plusieurs autres pièces, ainsi que la galerie, étaient également décorées de peintures par Boucher, Trémolière, Vanloo et autres.

En 1712, Armand Gaston, cardinal de Rohan, évêque de Strasbourg, et membre de l'académie française et de celle des sciences, fit élever, sur une partie du terrain de l'hôtel de Soubise, un autre hôtel qu'on a nommé le Palais du Cardinal : il a sa principale entrée dans la Vieille rue du Temple, une autre par la rue des Quatre-Fils, et une troisième par l'ancien passage, traversant l'hôtel de Soubise.

La face de cet hôtel sur la cour d'entrée est très simple; celle qui regarde le jardin est décorée d'un avant-corps de quatre colonnes doriques au rez-de-chaussée, et ioniques au premier étage, surmonté d'un attique, et terminé par un fronton. Le jardin est commun aux deux hôtels.

Depuis 1792 jusqu'en 1808, ces édifices étaient restés sans aucun emploi, et, pour ainsi dire, abandonnés à la dégradation. On a placé provisoirement à l'hôtel de Soubise les archives de l'état, et dans le palais Cardinal l'imprimerie royale. M. Coutepée a été chargé des travaux relatifs à l'imprimerie; Cellerier a fait ce qui concernait les archives.

HOTEL DE CARNAVALET,

(Rue Culture Sainte-Catherine.)

L'HOTEL de Carnavalet est un des plus curieux monuments du seizième siècle, mais l'on n'en parle plus guère, parcequ'il a aujourd'hui peu d'importance, et que le quartier où il est situé n'est plus recherché. Cet édifice n'est considéré que comme une maison particulière : il a pourtant conservé son nom et une partie de son ancienne réputation ; mais il doit cet avantage aux sculptures dont Jean Goujon l'a décoré, beaucoup plus qu'à la beauté de son architecture, quoiqu'il ait été bâti par trois artistes célèbres ; il fut commencé par Bullant, achevé par Ducerceau, et restauré par François Mansard.

L'hôtel de Carnavalet a encore un droit à notre souvenir : il a été la demeure de madame de Sévigné et de la comtesse de Grignan, sa fille.

Le bâtiment sur la rue est élevé d'un seul étage au-dessus du rez-de-chaussée. Il a cinq croisées de face, et présente, aux extrémités, deux pavillons en avant-corps couronnés de frontons. Le rez-de-chaussée, orné de refends vermiculés, fait le soubassement d'un ordre de pilastres ioniques accouplés, qui décore le premier étage. La porte est en plate-bande dans une niche cintrée et surmontée d'une corniche en forme de fronton. On voit sous le cintre un écusson entouré d'ornements; sur la clef de l'arc une petite figure, et aux deux côtés de la porte un lion et un léopard. Au-dessus de la corniche du soubassement, sur deux trumeaux du premier étage, sont représentées deux figures allégoriques, la Force et la Vigilance. Ces sculptures représentées en bas-relief sont dues au ciseau de Jean Goujon; c'est dire que ce sont deux chefs-d'œuvre, et François Mansard les a conservées soigneusement dans la restauration qu'il a faite de la façade de cet hôtel.

Au pourtour de la cour, sur les trumeaux des faces du premier étage, on voit encore douze grandes figures en bas-relief; celles du fond, représentant les quatre Saisons, se font remarquer par la beauté du dessin et par la grace d'exécution qui distinguent tous les ouvrages de ce célèbre artiste. Les huit autres sont inférieures et ne sont pas reconnues pour être de la même main.

Élévation de l'Hôtel de Carnavalet, rue de la Culture S.te Catherine.

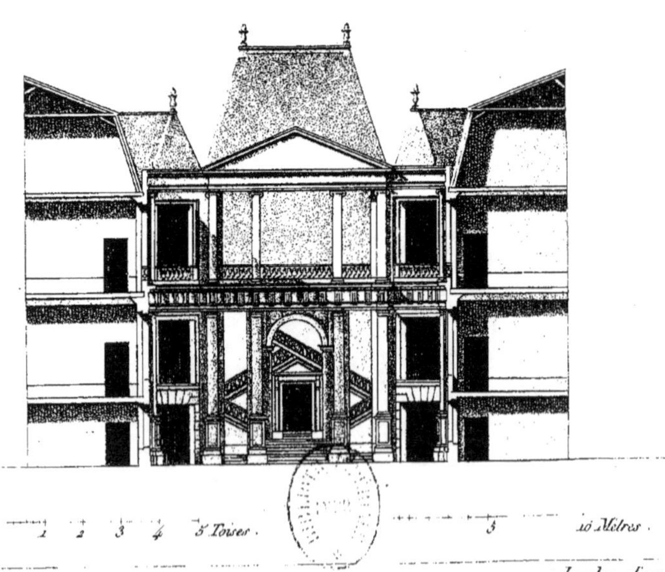

Landon direx.t

Élévation au fond de la Cour de l'Hôtel Lambert, Isle S.t Louis.

HOTEL LAMBERT,

(Ile Saint-Louis.)

L'ILE Saint-Louis, que nous voyons aujourd'hui régulièrement bâtie et bordée de quais magnifiques, s'appelait originairement l'Ile-aux-Vaches : on lui avait donné ce nom pour la distinguer de l'Ile-Notre-Dame dont elle formait une dépendance.

Henri IV avait eu le projet d'y faire construire des maisons, mais ce projet n'eut son exécution que sous Louis XIII. Les sieurs Marie, Leregratier et Poulletier, dont deux ont donné leurs noms à deux rues de ce quartier, s'engagèrent, en 1614, à joindre les deux îles par un pont et à y bâtir des maisons et des quais. Mais, leurs travaux n'allant pas assez vite au gré des particuliers qui faisaient les fonds de l'entreprise, ceux-ci obtinrent d'être subrogés aux droits des premiers entrepreneurs, d'achever aux mêmes conditions les ouvrages commencés, et de mettre fin aux constructions dans l'espace de trois ans; ce qui fut exécuté. Ainsi toutes les maisons de l'Ile ont été bâties à-peu-près à la même époque, vers le milieu du dix-septième siècle.

Parmi tous ces édifices, qui se ressemblent assez

généralement, quelques hôtels méritent d'être cités, mais l'hôtel Lambert, étant celui qui renferme le plus d'objets curieux sous le rapport des arts, sera le seul dont nous donnerons ici le dessin et la description.

Il est situé à l'extrémité orientale de la rue Saint-Louis, qui partage l'île dans toute sa longueur.

L'entrée de l'hôtel sur la rue porte un grand caractère. La cour, un peu petite, est entourée de bâtiments et décorée d'un ordre dorique. Le bâtiment du fond a de plus un second ordre ionique.

Un grand escalier à deux rampes se voit de la cour entre les colonnes qui forment le vestibule; il est d'une belle forme et dans le style du temps, mais il a de la magnificence, et sa disposition pittoresque est singulièrement remarquable. Le bâtiment en aile, à droite de la cour, a son autre face sur une espèce de jardin, ou plutôt sur une terrasse de plain pied au premier étage. Elle donne sur le quai d'Anjou, et procure à ce bâtiment et à un autre en retour une vue charmante qui s'étend sur la Seine et sur les ports qui sont à l'autre rive, sur l'île Louviers, l'ancien Arsenal, le quai et le pont du Jardin du Roi, et beaucoup plus loin encore.

Les deux faces de bâtiment sur cette terrasse sont décorées d'un grand ordre de pilastres ioniques, couronné d'un petit attique sur lequel sont posés des vases de pierre.

L'hôtel Lambert, bâti par Louis Le Veau, premier architecte du Roi, a été décoré à l'intérieur par plusieurs peintres célèbres. Dans une des premières salles on voit de grands tableaux, entre autres un de Jacques Bassan, représentant l'enlèvement des Sabines. Le cabinet ensuite est orné de paysages peints sur les panneaux des lambris par Patel et d'Hermans. Cinq autres tableaux représentent l'histoire d'Énée par Romanelli ; le sujet du plafond est la naissance de l'Amour ; il est de la main de Le Sueur. Au deuxième étage on voit une autre galerie richement décorée. La porte d'entrée est accompagnée de deux colonnes dorées. Le plafond, peint par Le Brun, représente les travaux d'Hercule, et est enrichi d'un grand nombre d'ornements. Sur les trumeaux, entre les croisées, sont des paysages peints par différents maîtres ; des bas-reliefs, des bronzes, et des dorures, fort bien exécutés.

On passe ensuite dans une autre grande pièce dont toutes les peintures sont de Le Sueur ; il a représenté, dans le plafond, Phaéton priant son père de le laisser conduire son char ; il y avait peint aussi les Muses en cinq tableaux, dont l'un représente Melpomène avec Érato et Polymnie, et l'autre, Clio, Thalie, et Euterpe ; Uranie, Calliope, et Therpsicore, font le sujet des trois autres tableaux, qui sont de forme ovale. Ces peintures, exécutées sur bois, ont été enlevées avec beaucoup d'adresse et reportées sur toile ; elles sont actuellement au Musée Royal. Tous les tableaux d'un cabinet où le même artiste avait représenté l'histoire de l'Amour ont été également remis sur toile ; on les voit au musée de Versailles ; ils décoraient une pièce du rez-de-chaussée, appelée le Cabinet de l'A-

mour : Le Sueur avait peint au plafond cinq sujets
de l'histoire de ce dieu : sa naissance; Vénus qui le
présente à Jupiter; l'Amour qui, pour éviter la colère
de sa mère, se réfugie entre les bras de Cérès; l'Amour
assis sur un nuage et recevant les hommages des
Dieux; le même ordonnant à Mercure d'annoncer
son pouvoir à l'univers. Deux autres tableaux : l'un,
au-dessus de la cheminée, représentait l'Amour qui,
après avoir désarmé Jupiter, descend pour embraser
le monde; l'autre, au-dessus de la porte, avait pour
sujet l'enlèvement de Ganymède.

Dans la salle des bains, au deuxième étage, Le Sueur
a représenté, dans les angles du plafond, les divinités de la mer et des eaux, accompagnées d'enfants
qui jouent avec des branches de corail. On y voit
quatre bas-reliefs feints de sculpture, savoir : le
triomphe de Neptune, celui d'Amphitrite, la fable
d'Actéon, et celle de Calisto.

D'après ce qu'on vient de lire des beautés de la nature et de l'art qui rendent cette habitation si agréable,
pourrait-on se persuader qu'elle soit maintenant va-
cante et délaissée dans un état voisin de la dégradation? L'hôtel Fénélon et l'hôtel Bretonvilliers, qui
sont dans le même quartier, jouissent des mêmes
avantages et sont dans le même état; cependant aucune habitation de la Chaussée-d'Antin ou des boulevarts Italiens n'est peut-être comparable à l'un de
ces trois hôtels.

Élévation de l'Hôtel Davaux, côté de la Cour.

Élévation de l'Hôtel Davaux, côté du Jardin.

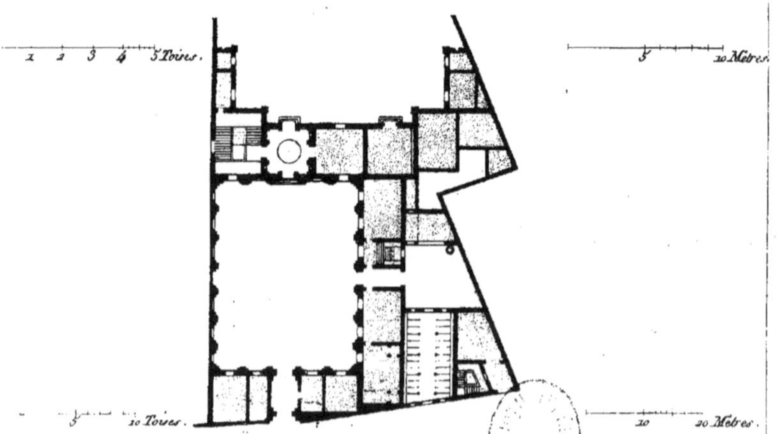

Plan de l'Hôtel Davaux, Rue Ste Avoye.

Landon dirext

HOTEL D'AVAUX,

(Rue Saint-Avoye.)

—

CET ancien hôtel a été bâti par Le Muet pour M. de Mesmes, comte d'Avaux. Il a été vendu depuis à M. de Beauvilliers, duc de Saint-Aignan. L'hôtel était connu assez indistinctement sous ces différents noms, mais on lit sur la porte : Hôtel de Saint-Aignan. M. de Bernage, prévôt des marchands, l'a habité pendant plusieurs années. C'est aujourd'hui le chef-lieu de la mairie du septième arrondissement municipal.

La porte d'entrée sur la rue est en plate-bande ornée d'un large chambranle, d'une corniche et d'un fronton, et renfoncée dans une arcade; une niche carrée renferme le tout.

La cour est un carré long, elle est décorée sur les quatre faces d'un ordre de pilastres corinthiens élevé sur un simple socle. Il embrasse le rez-de-chaussée et le premier étage, et est couronné d'une balustrade. La porte d'entrée et la cour sont d'un grand effet; l'architecture en est pure et correcte, et ses belles proportions lui donnent un caractère noble et imposant.

Le corps-de-logis du fond, entre la cour et le jardin, est simple en profondeur, le vestibule est décoré d'une ordonnance de pilastres ioniques et de huit niches sans figures.

Le grand escalier à gauche est tout en pierre ainsi que la rampe qui est en balustres carrés. Il est terminé par une coupole au bas de laquelle est une espèce de tribune ou galerie avec balustrade. La face sur le jardin présente plusieurs petits avant-corps que la distribution et la forme irrégulière du terrain ont peut-être nécessités. Toutes les croisées, même celles des mansardes, sont ornées de chambranles et de frontons. Cette décoration est très simple et n'a pas un aussi beau caractère que celle de la cour ; mais alors, dans les habitations particulières, on affectait de porter la richesse sur les parties qui étaient le plus exposées aux regards du public.

Il y avait autrefois dans cet hôtel quelques bons tableaux dont aucun n'est resté. L'établissement des différentes administrations qui l'occupent aujourd'hui y a occasioné des changements considérables. On a construit sur les faces mêmes de la cour et du jardin des ateliers et autres petits corps de bâtiments, sans respect pour l'architecture de cet édifice. Les plus belles pièces ont été coupées par des planchers et par des cloisons, et l'on y fait actuellement plusieurs autres constructions de cette espèce.

Le jardin a de la grandeur ; il est orné de gazons et de plantations nouvelles d'un genre pittoresque.

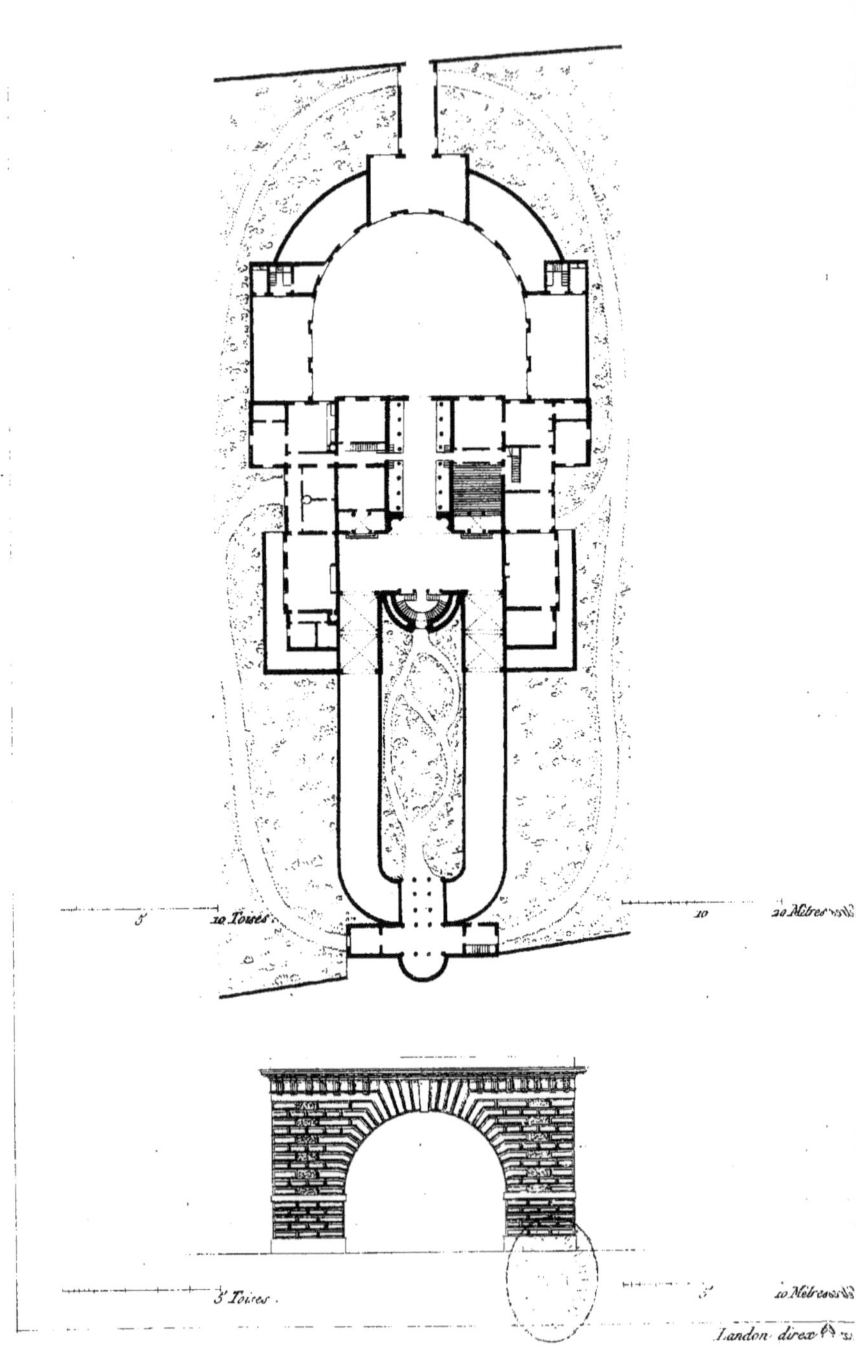

Plan général de l'Hôtel Thelusson et élévation de l'Arc sur la Rue de Provence.

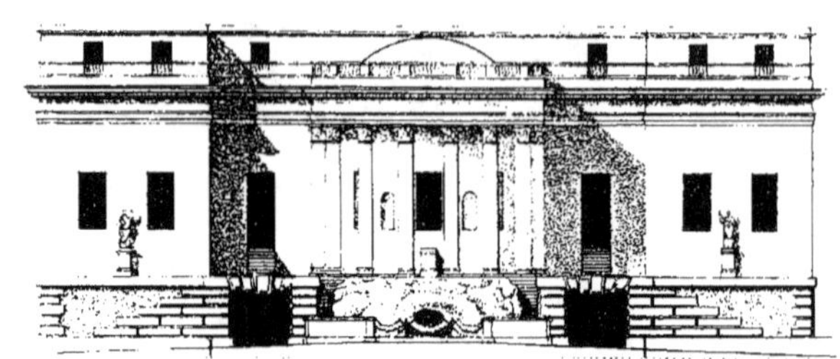

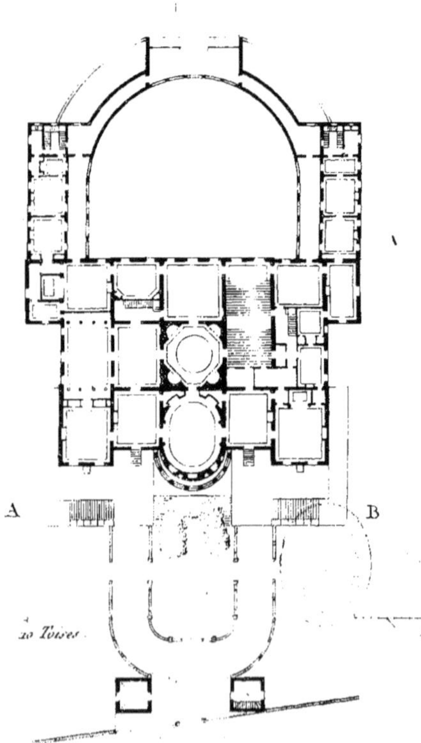

Plan du 1er Étage et élévation sur la ligne A B de l'Hôtel Thelusson.

HOTEL THÉLUSSON,

(Rue de Provence.)

Lorsqu'on parcourt le côté septentrional de Paris, il est impossible de ne pas remarquer cette maison, l'une des plus riches et des plus agréables que l'on puisse citer. Chacun applaudit aujourd'hui au goût de l'architecte qui la bâtit, il y a environ trente ans, et pourtant on peut se rappeler les clameurs du vulgaire à l'époque de sa construction. Si jamais un édifice présenta au-dehors un aspect enchanteur, c'est assurément la façade de cette maison, vue au travers de l'arc qui forme un cadre mâle et ferme à son élégante architecture. Placée à l'extrémité d'une belle rue qu'elle termine par sa décoration pittoresque et théâtrale, elle embellit encore le brillant quartier de la rue de Provence, et l'architecte qui l'a fait construire lui doit une grande partie de sa réputation.

Cette maison a été bâtie pour madame Thélusson, en 1780, sur les dessins de Le Doux. Un parallélogramme de 44 toises de longueur, entre la rue de Provence et la rue des Victoires, sur 24 toises et demie de largeur entre deux murs mitoyens, compose l'ensemble de ce grand hôtel, qui se trouve situé au milieu d'un jardin. Son entrée principale est sur la rue de Provence, par une grande arcade de 5 toises d'ouverture, et dont la masse, de 10 toises de longueur sur 5 de hauteur, est ornée de refends, de bossages, et couronnée d'un entablement dorique.

Cette belle arcade a un double avantage. Du dehors elle laisse voir la décoration intéressante de la façade du bâtiment et de l'intérieur du salon, par-dessus le jardin, toute la longueur de la rue Cérutty, jusqu'au boulevart ; de plus elle procure une entrée facile aux voitures qui, passant d'abord sur deux chaussées établies aux deux côtés de la partie basse du jardin, ensuite sous le bâtiment même, se rendent à couvert au pied d'un grand escalier, et de là dans une grande cour destinée aux remises et aux écuries ; cette cour a une sortie sur la rue des Victoires.

Le corps de bâtiment, qui ne forme qu'une seule masse, au milieu de laquelle est une cour, renferme un grand nombre de pièces, soit pour la représentation, soit pour le logement, et toutes les dépendances qu'exige une maison aussi considérable. Le premier étage seul offre, à la suite d'un large et magnifique escalier, deux vastes antichambres, deux beaux salons, une salle de concert, une bibliothèque, une galerie, une grande salle à manger, plusieurs chambres, des cabinets de travail, une salle de bains, etc.

On ne trouve pas ici cette distribution ordinaire des grandes masses telles qu'on la voit dans les habitations où la cour précède le bâtiment ensuite duquel est le jardin : la profondeur du terrain ne le permet-

tait pas ; mais on y voit, comme dans toutes les productions de Le Doux, des idées ingénieuses, neuves,
et un goût pittoresque et élégant. Il a isolé son bâtiment pour lui conserver des jours sur toutes les faces,
et ne former qu'une seule cour. Il a porté l'escalier,
les antichambres et les pièces peu importantes vers le
fond, pour ramener l'appartement principal du côté
de l'entrée où se trouve une très belle vue ménagée
avec beaucoup d'art.

On sort des appartements sur une terrasse ornée
de statues, d'orangers et de fleurs. Deux rampes d'escalier en pierre descendent au jardin. Une masse de
rochers présente l'entrée d'une grotte pratiquée au-
dessous du salon et supporte les huit colonnes corinthiennes dont l'avant-corps du milieu est décoré.

Le surplus du terrain autour du bâtiment est planté
d'arbres et d'arbustes dont les masses sont divisées par
des sentiers sinueux et en pente douce. Ils conduisent
des différentes parties du jardin à la porte de sortie
sur la rue des Victoires.

Cette heureuse distribution, dans l'ensemble comme
dans les détails, s'accorde parfaitement avec la décoration extérieure qui est aussi agréable que régulière.

Les pièces principales sont décorées avec beaucoup
de richesse et de goût. Les ordonnances d'architecture, les plafonds ornés de peintures, les arabesques,
les glaces, tout y concourt à en faire une habitation
délicieuse, dont la description exigerait un trop long
détail pour les bornes de cet ouvrage. Les plafonds
du salon de compagnie, de celui de musique, de la

salle à manger, et de la chambre à coucher, ont été peints par M. Callet.

S'il était d'usage en France de montrer son logis par ostentation, cet hôtel serait digne de toute la curiosité des étrangers. Depuis que madame Thélusson a cessé d'habiter ce petit palais, il a été occupé par différentes personnes : M. l'ambassadeur de Russie en fait aujourd'hui sa demeure.

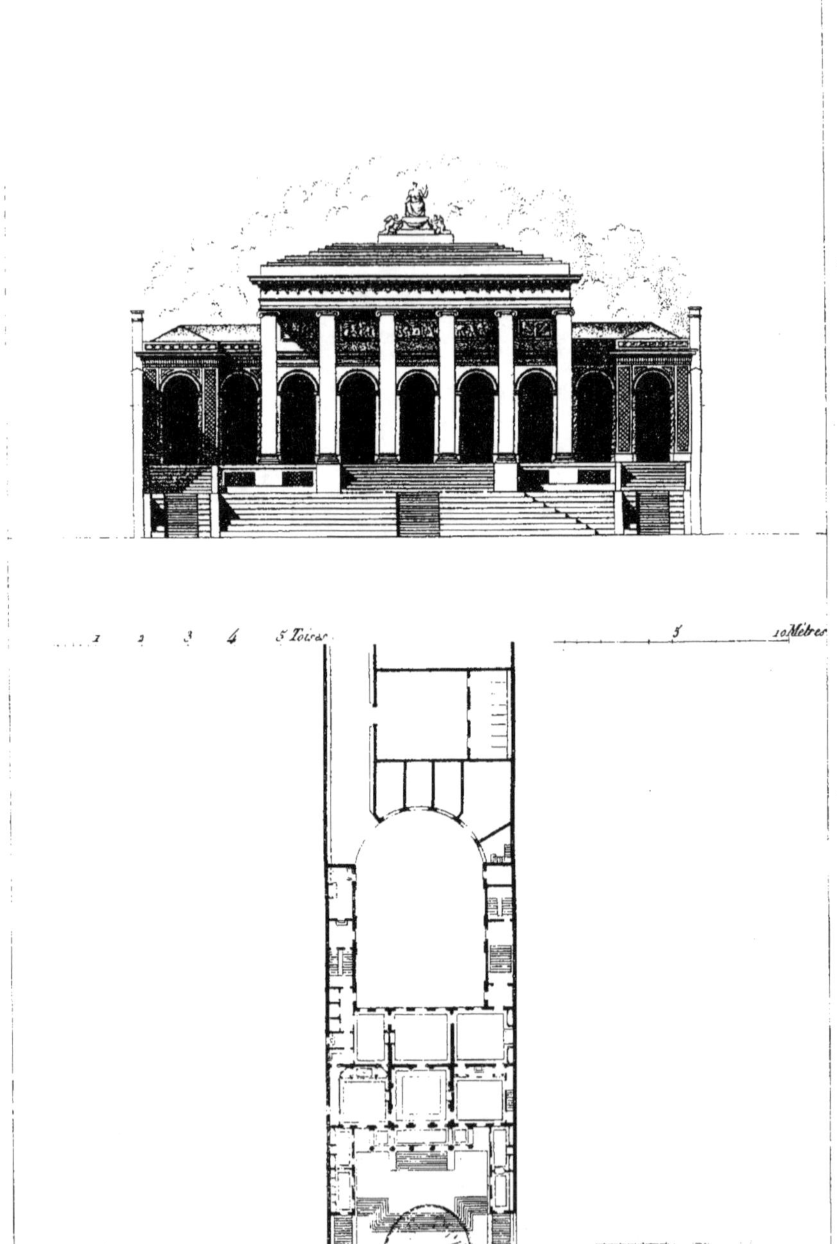

Plan et élévation de la maison Brunoy

HOTEL DE BRUNOY,

(Rue du Faubourg-du-Roule.)

Si chaque espèce de bâtiment doit avoir un caractère distinctif, la composition de celui-ci ne sera point à l'abri de la critique, et l'on accusera Boullée, qui l'a fait construire, d'avoir moins consulté les convenances que cédé à la vivacité de son imagination. En effet, il est difficile de reconnaître une habitation particulière à l'aspect de cet élégant édifice.

Un seul étage de sept arcades, au-dessus desquelles règne une longue frise en bas-relief; un péristyle de six colonnes ioniques d'une proportion svelte, élevé sur un grand nombre de marches, couronné par un amortissement en gradins, au sommet duquel la statue de Flore paraît mystérieusement entourée de hautes masses d'arbres, un tel édifice ne ressemble-t-il pas plutôt à un temple qu'à la demeure d'un particulier?

Mais cette architecture présente à-la-fois tant de grace et de simplicité, que l'effet qui en résulte est peut-être préférable, en cette circonstance, à celui qu'eût produit le respect pour des principes plus sévères.

Au surplus, l'hôtel de Brunoy est, par sa situation,

considéré comme une maison de plaisance ; et, quel que soit le caractère de son architecture, la composition en est aimable et plaît également aux gens de goût et aux artistes.

L'hôtel de Brunoy a son entrée sur la rue du faubourg Saint-Honoré, par un long passage latéral qui laisse à gauche les écuries, et conduit à la grande cour : les deux ailes renferment des escaliers et leurs vestibules ; la façade du principal corps-de-logis, de ce côté, est simplement ornée de refends.

La distribution intérieure est simple, parfaitement régulière, et présente six grandes pièces. Le salon est décoré de pilastres cannelés, d'ordre ionique ; le plafond, en voussure, est un bon ouvrage de M. Vincent.

Deux ailes du bâtiment s'avancent sur le jardin, et se composent, à droite, d'un boudoir et d'une bibliothèque ; à gauche, d'une salle de bains et d'un cabinet. On sort de l'appartement sur une large terrasse, d'où l'on descend au jardin.

Le jardin est étroit, et l'on ne pouvait, sans en obstruer la vue, y planter une allée de grands arbres ; l'architecte y a très ingénieusement suppléé par deux allées creusées à quelques pieds de profondeur et couvertes d'un berceau qui excède peu la hauteur du sol ; elles aboutissent à un salon de verdure à l'autre bout du jardin. Par ce moyen, la vue se porte sans obstacle de l'intérieur de l'appartement sur les Champs-Élysées qui, séparés de cette habitation par un simple fossé, semblent ne former qu'une seule promenade et une seule propriété.

Plan et élévation d'une maison Boulevard du Clos-Payen.

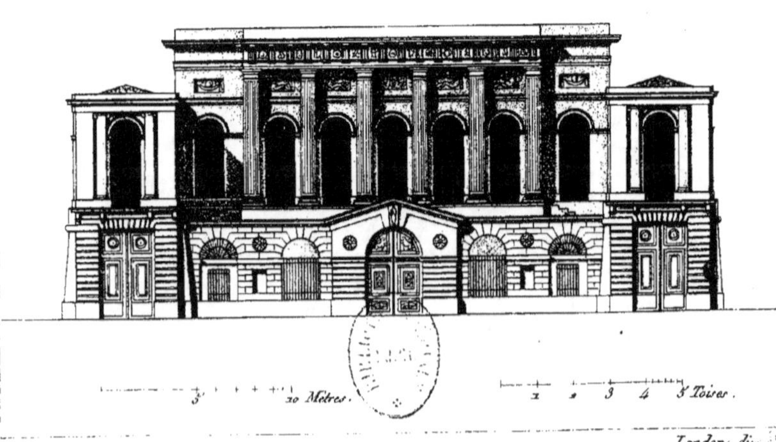

Landon di

Élévation de la maison St Foix, Rue Basse du Rempart.

MAISON SAINT-FOIX,

(Rue Basse du Rempart, boulevart des Capucines.)

CETTE maison, bâtie en 1775, ayant éprouvé un changement assez considérable en 1798, mérite d'autant plus d'être décrite telle qu'elle était dans l'origine et telle qu'elle est aujourd'hui, que les plans et élévations qui en sont gravés dans plusieurs recueils ne sont pas semblables; il est intéressant pour les auteurs de faire connaître la cause de cette différence.

En 1775, M. Brongniart la fit construire pour M. de Saint-Foix, qui devait l'occuper seul. Il avait eu quelques difficultés à vaincre. D'une part, la forme du terrain est très irrégulière, et présente des angles saillants et rentrants assez désagréables : d'autre part, le sol de la rue est de treize à quatorze pieds plus bas que le sol du boulevart qui est en face, et que celui de la maison qui est au fond. Cette disposition naturelle du lieu exigeait que l'artiste usât de moyens nouveaux ; aussi les a-t-il employés avec autant d'habileté que de succès.

Le principal corps de bâtiment est établi à une certaine distance de la rue, à l'endroit où la plus grande largeur du terrain a permis d'avoir sur le côté une première grande cour et une seconde ensuite entourée des écuries, des remises et de toutes les autres dépendances qui remplissent les angles du plan, et en cachent les irrégularités. Ce principal bâtiment a toute la largeur de face qui pouvait être aperçue sur le boulevart ; la décoration est élevée à la hauteur de cette promenade publique. La partie basse est employée au passage d'entrée sur le côté, et à un vestibule orné de colonnes, à la suite duquel se trouve un grand escalier d'une seule rampe. Le surplus employé, comme nous l'avons dit précédemment, aux écuries, cuisines, et dépendances, est voûté et couvert d'une terrasse qui précède les appartements, et forme un grand balcon sur la rue, au niveau du boulevart. Aux deux côtés de la terrasse, deux ailes de bâtiment s'avancent jusque sur la rue.

En 1798, cette maison fut partagée entre deux propriétaires : l'un possède le principal corps du logis faisant face au boulevart, et l'aile droite ; l'autre jouit de l'aile gauche seulement.

Les dispositions primitives du plan semblaient favoriser ce partage. Mais il n'y avait qu'une seule entrée sous l'aile gauche ; elle ne pouvait pas servir au grand hôtel ; et le principal escalier qui y était renfermé n'avait plus d'issue que par l'aile gauche qui en était séparée. Des changements étaient nécessaires ; M. Sobre fut chargé de les faire exécuter.

Il supprima tout ce qui était voûté et construit au rez-de-chaussée, et toute la terrasse du premier étage ; il en fit une cour avec une entrée au milieu sur la rue, et l'entoura de portiques couverts d'une petite terrasse. Le corps de bâtiment étant triple en profondeur, il fit dans la première partie, vers la cour, un très beau vestibule, et dans la seconde un magnifique escalier à deux rampes, lequel se trouve au centre de l'édifice et communique facilement à toutes les pièces du premier étage, au moyen d'une galerie qui règne au pourtour. La cage de l'escalier est richement décorée et terminée en coupole.

L'appartement principal se compose d'un grand nombre de pièces, parmi lesquelles on distingue une vaste antichambre, deux salles à manger, salon de musique, salon de compagnie, galerie, chambre à coucher, boudoir, cabinet de toilette, bains et autres pièces qui constituent un appartement considérable. Au rez-de-chaussée même et à l'étage souterrain se trouvent toutes les autres dépendances pour le service de l'intérieur de la maison et pour celui des voitures.

Deux terrasses environnent la cour; elles sont au niveau du premier étage d'où l'on descend par un grand perron; il conduit au jardin qui a peu d'étendue. La façade sur ce jardin offre un seul étage et cinq croisées; elle est ornée de refends sur toute sa surface et couronnée d'une corniche ionique. Au-dessus des trois croisées du milieu règne un grand bas-relief. Celles des extrémités sont accompagnées de deux colonnes ioniques surmontées de figures.

La façade sur la cour présente également un seul étage et sept croisées ornées de bas-relief, elle est décorée d'un grand ordre de huit colonnes doriques engagées. Les deux ailes avancées sur la rue forment deux pavillons d'une seule croisée accompagnée de deux colonnes ioniques et couronnée d'un fronton.

Toute cette ordonnance paraît reposer sur le mur de la rue qui lui sert de soubassement. De la hauteur du boulevart, qui est son véritable point de vue, elle produit un effet très agréable.

La seconde maison pratiquée dans l'aile gauche, moins ornée, moins importante que la première, renferme néanmoins deux grands appartements de maître et en quelque sorte deux habitations complètes où se trouvent réunies toutes les dépendances nécessaires.

MAISON

(Boulevart du Clos-Païen.)

CE charmant édifice, situé, pour ainsi dire, au milieu des champs, consiste en un pavillon isolé ayant vue sur trois faces. Il est élevé de deux étages au-dessus d'un soubassement. La porte d'entrée est sur la petite face, et cet arrangement, donné par la localité, amène une distribution simple et commode. Un grand vestibule orné de colonnes conduit, à droite, à l'escalier, et en face à la salle à manger, au salon, à la chambre à coucher, etc. Deux façades seulement sont décorées. La porte d'entrée du vestibule est accompagnée de deux colonnes doriques. La grande face offre deux avant-corps aux extrémités ; ils sont couronnés de frontons. Au milieu est une loge ouverte formant une terrasse au niveau du premier étage ; elle fait saillie sur les deux pavillons, et se compose de six colonnes doriques. Quatre statues dans des niches ornent cette colonnade, et deux autres au-dessus décorent la terrasse qui est habituellement garnie de fleurs et d'arbustes.

Un grand perron à deux rampes descend de la loge au jardin et fait le soubassement de l'ordonnance.

Cette jolie maison a été bâtie par M. Peyre, en 1762.
Tous les architectes en ont les dessins dans leur porte-
feuille, et ils s'accordent à louer, dans cette composition, le goût pur et sévère de Palladio, soit pour la
distribution ingénieuse du plan, soit pour l'ordonnance élégante des façades.

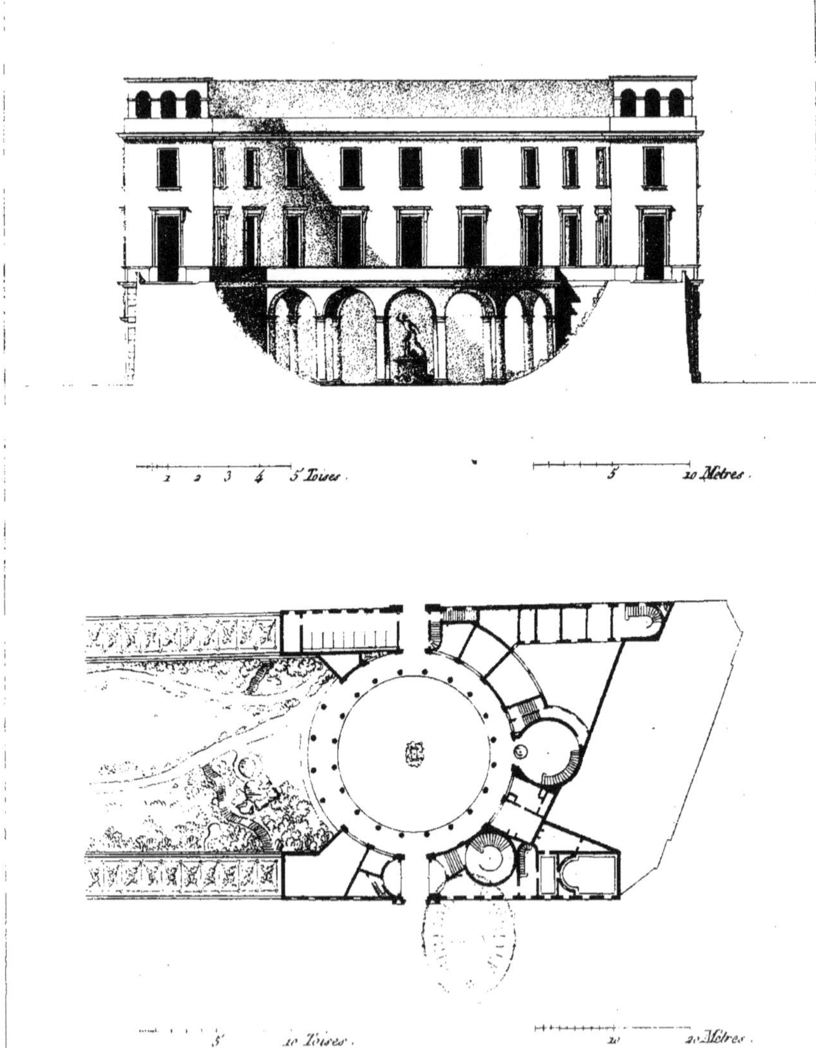

Plan et élévation de la maison Beaumarchais du côté du Jardin.

HOTEL BEAUMARCHAIS,

(Boulevart Saint-Antoine.)

———

CET édifice est situé à l'extrémité du boulevart Saint-Antoine et de la rue Amelot, sur un terrain qui appartenait originairement à la Ville. Caron de Beaumarchais l'acquit pour y faire construire un hôtel. M. Lemoine, architecte, en fournit les dessins et en dirigea l'exécution.

Son emplacement total forme un parallélogramme qui peut être considéré comme divisé en trois parties principales : l'hôtel proprement dit, au milieu, le jardin à gauche ; à droite, la maison en location.

L'hôtel occupe toute l'épaisseur entre le boulevart et la rue Amelot, sur lesquels il a deux faces, de 22 et 26 toises environ : deux entrées opposées conduisent à une tour circulaire placée au centre des bâtiments, qui sont élevés de deux étages au-dessus du rez-de-chaussée.

La cour a 10 toises de diamètre ; elle est entourée d'une galerie couverte, qui se compose de vingt arcades soutenues par des colonnes doriques : cinq de ces arcades ont un double rang de colonnes, et forment un péristyle à l'entrée du jardin. Sur un piédestal, au milieu de la cour, est une copie en plomb du Gladiateur antique : cette statue était précédemment à l'hôtel de Soubise.

L'entrée principale est sur le boulevart ; elle offre un vestibule terminé de chaque côté par une partie circulaire ; à droite est le grand escalier.

Les pièces les plus remarquables sont la salle à manger au rez-de-chaussée, et le salon au premier étage. Ces deux pièces, de même grandeur et de forme circulaire, se correspondent, et sont éclairées l'une et l'autre sur la cour par une grande croisée qui fait face au jardin.

La salle à manger est décorée d'une frise ornée de griffons, modelée sur celle du temple antique d'Antonin et Faustine, à Rome. Au devant de la croisée s'élève une grande coupe de forme étrusque, d'où sort un jet d'eau. Des deux côtés sont deux rampes d'escalier qui suivent circulairement le mur, se soutiennent par leur coupe sans autre point d'appui, et se réunissent à un balcon.

Indépendamment de la grande croisée, une lanterne, pratiquée au plafond du salon, éclaire cette pièce, dont la cheminée, faisant face à la croisée, répète la vue du jardin, du boulevart et de la côte de Ménil-Montant.

Le salon est décoré de six portes en glaces, ornées de frises en camaïeux, et dans l'intervalle desquelles sont huit tableaux de sites champêtres et de ruines, peints par Robert.

L'antichambre qui précède le salon est ornée de

la statue de Voltaire, par Houdon ; la figure est assise.

Le jardin, planté à la manière anglaise, est composé avec beaucoup de goût : on y a ménagé des inégalités de terrain, des sentiers sinueux et couverts, des escaliers rustiques, et des masses de rochers et de verdure dont l'effet est très pittoresque. A l'extrémité, vers la rue Amelot, s'élève un pavillon dédié à Voltaire : il est décoré à l'intérieur de quatorze colonnes ioniques ; à l'extérieur, d'un portique de deux colonnes doriques, au-dessus duquel on lit cette inscription : *Il ôte aux nations le bandeau de l'erreur.* Plus loin est un petit temple dédié à Bacchus : il est orné d'un péristyle de quatre colonnes ioniques, et décoré au-dehors et au-dedans de peintures allégoriques.

Sur la partie supérieure du jardin s'étend une espèce de lac, dont l'eau, fournie par la pompe de Chaillot, alimente des fontaines et des bassins dans la partie basse du jardin.

Sous la terrasse à gauche, du côté du boulevart, on a pratiqué un passage voûté, destiné aux voitures qui vont au jardin : ce passage, qui rend à l'une des allées basses, a son entrée par une arcade à l'extrémité du jardin, et avait été décorée des bas-reliefs de Jean Goujon provenant des démolitions de la porte Saint-Antoine : celui du milieu, placé au-dessus de l'arcade, a été enlevé ; les deux autres, représentant la Seine et la Marne, subsistent encore.

La troisième partie de ce bâtiment, réservée pour

la location, a 20 toises de face sur l'ancienne place
de la Bastille, aujourd'hui place du canal de l'Ourcq.
Le rez-de-chaussée se divise en boutiques et logements
attenants; les deux étages supérieurs sont distribués
en appartements qui ont leur entrée par une cour
particulière sur la rue Amelot.

Cette maison, bâtie dans une situation avantageuse,
a beaucoup gagné depuis la démolition de la Bastille,
et par les projets d'embellissements qui s'exécutent
aujourd'hui dans ses environs.

Le jardin a été dessiné par M. Bellanger, architecte
dont le talent se fait toujours remarquer par un goût
ingénieux et pittoresque, et par une variété inépui-
sable des formes les plus enchanteresses.

A Plans et élévation de la maison Le Doux, Rue Poissonniere.

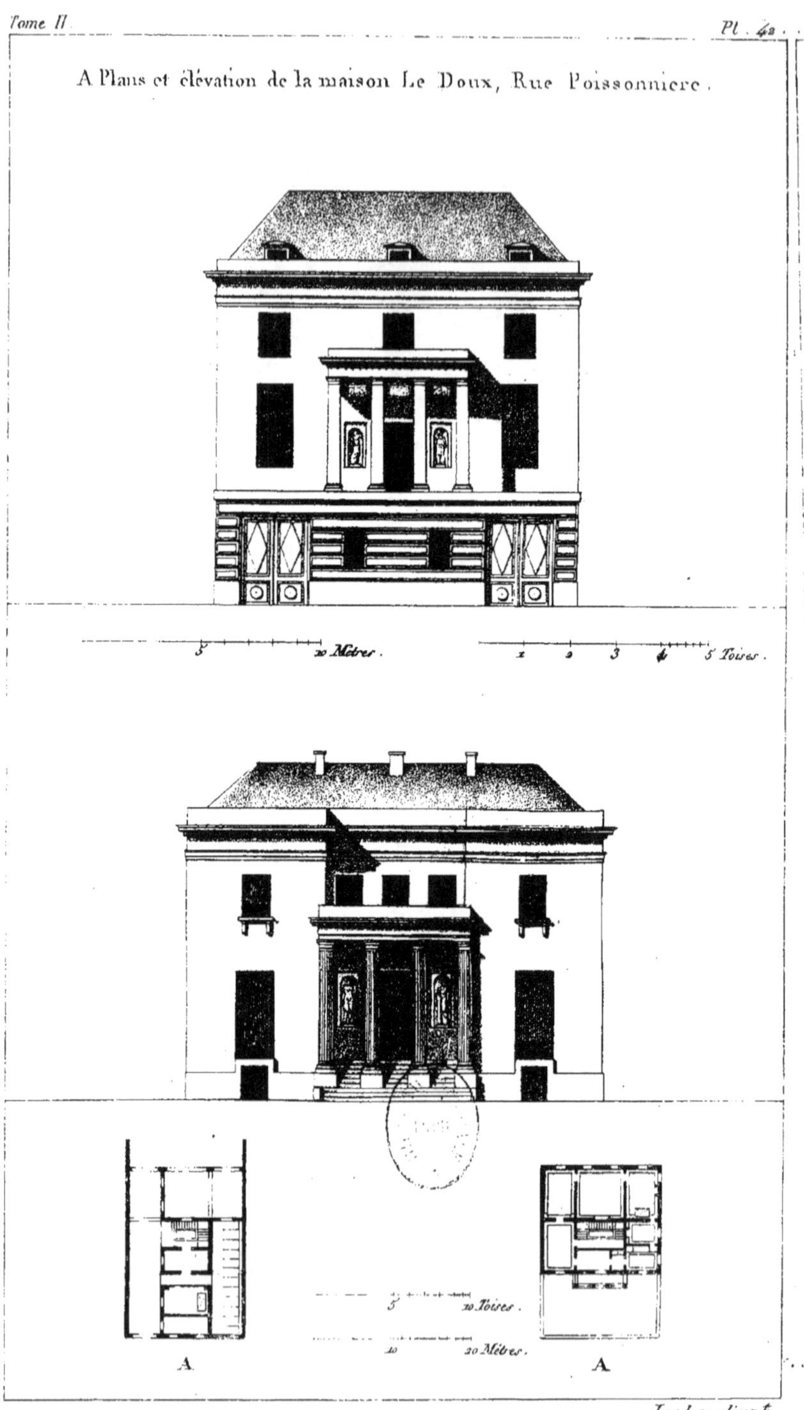

Élévation de la maison St. Germain, Rue St. Lazare.

MAISON LE DOUX,

(Rue du Faubourg-Poissonnière.)

———

La première de ces deux maisons (planche LII, figure A) fut bâtie, en 1780, par Le Doux, qui la destina à son habitation particulière. Elle fait l'angle de la rue des Petites-Écuries, et présente sur sa façade un soubassement en terrasse, en arrière duquel s'élèvent le premier et le second étages. Avant que cette propriété changeât de maître, le rez-de-chaussée n'était pas tel qu'on le voit ici ; il y avait entre les deux portes, à partir du socle, une suite de marches, ou plutôt de gradins, qui montaient jusqu'au niveau de la terrasse : cet emmarchement produisait un bon effet ; il soutenait et faisait valoir le joli porche de quatre colonnes doriques qui décore l'entrée du premier étage. On a supprimé ces degrés pour avoir une petite pièce de plus, et ce changement fait perdre à la façade une partie de sa grace et de sa légèreté. Cette maison n'est point grande, mais elle renferme, outre les pièces nécessaires à un appartement complet, toutes les dépendances que peut desirer un riche particulier. On reconnait dans sa distribution le talent d'un artiste dirigé par le goût et l'expérience.

2. 28

~~~~~~

MAISON SAINT-GERMAIN,

(Rue Saint-Lazare.)

———

CETTE maison a été bâtie en 1772 : nous la joignons à la précédente, parcequ'elle est aussi une des productions de Le Doux. Elle offre, dans son plan général, une porte d'entrée accompagnée de deux petits bâtiments pour les remises, les écuries, et les cuisines; une cour et un jardin, entre lesquels s'élève le principal corps-de-logis, formant un pavillon isolé.

Suivant la coutume assez habituelle de l'architecte, la façade la plus intéressante de ces petites maisons est celle qui regarde l'entrée. C'est donc au fond de la cour que l'on trouve un porche dorique, orné de quatre colonnes cannelées; il annonce un temple, et semble conduire au sanctuaire de la divinité qui l'habite : tout est d'accord avec cette destination tant soit peu scandaleuse, à laquelle répond fort bien le luxe de l'ameublement.
~~~~~~

A Côté de la Cour.

B Côté du Jardin.

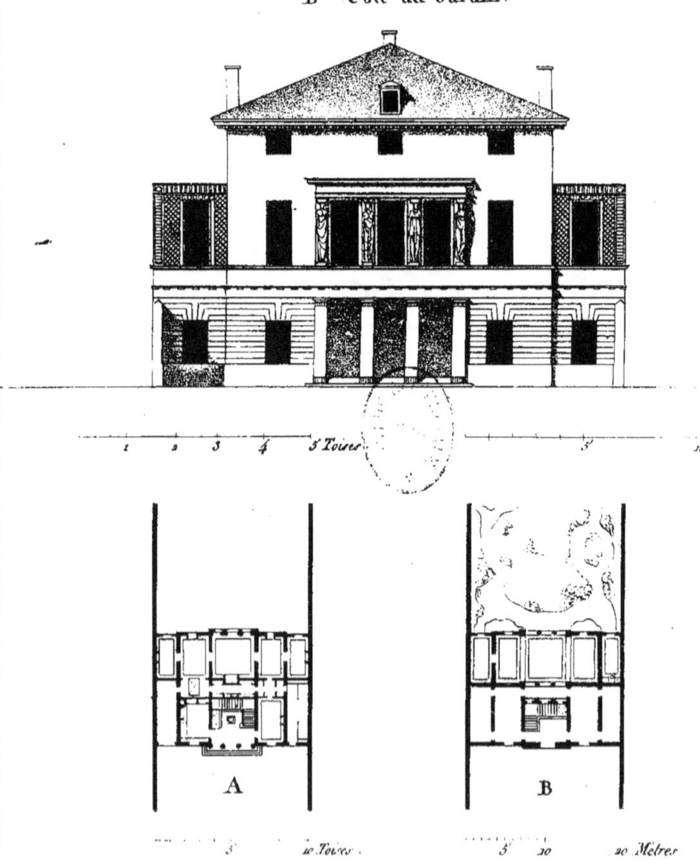

Plans et élévations de la maison la Thuile Rue Poissonnière.

MAISON LATHUILE,

(Rue du Faubourg-Poissonnière.)

CE joli pavillon, entre cour et jardin, a été bâti, en 1788, par M. Durand. Le jardin étant plus bas d'un étage que le sol du côté de l'entrée, l'appartement principal ne se trouve que de quelques marches plus élevé que la cour. Il est précédé d'un vestibule et d'un escalier, et composé de toutes les pièces nécessaires : l'intérieur est orné dans le goût moderne et avec une élégante simplicité.

L'étage inférieur qui se trouve au niveau du jardin offre un grand vestibule orné de colonnes et une salle de bains. Le surplus, du côté de la cour, est employé aux caves et aux bûchers.

La façade sur le jardin présente trois étages ; elle est décorée, au rez-de-chaussée d'un portique de quatre colonnes rustiques, et, au premier étage, de quatre caryatides portant entablement. Celle qui donne sur la cour n'a que deux étages, et elle est décorée de quatre colonnes doriques de la hauteur du rez-de-chaussée seulement : le jardin est agréablement planté à la manière anglaise.

Cette maison, bâtie dans le même temps et dans

le même quartier que celles dont nous venons de parler, est une preuve de la variété que nos architectes savent apporter à l'ordonnance des édifices. Mais, sans vouloir établir un parallèle entre des productions d'un mérite aussi distingué, nous ferons remarquer avec quelle sagesse, quelle pureté et quel goût sont traités l'ensemble et les détails de ce petit hôtel; il est malheureusement le seul ouvrage de son auteur, qui occupe la chaire d'architecture à l'École Polytechnique depuis sa fondation, et qui la remplit d'une manière si avantageuse aux progrès de l'art.

A   Plans et élévation d'une maison Rue du Mont Parnasse.

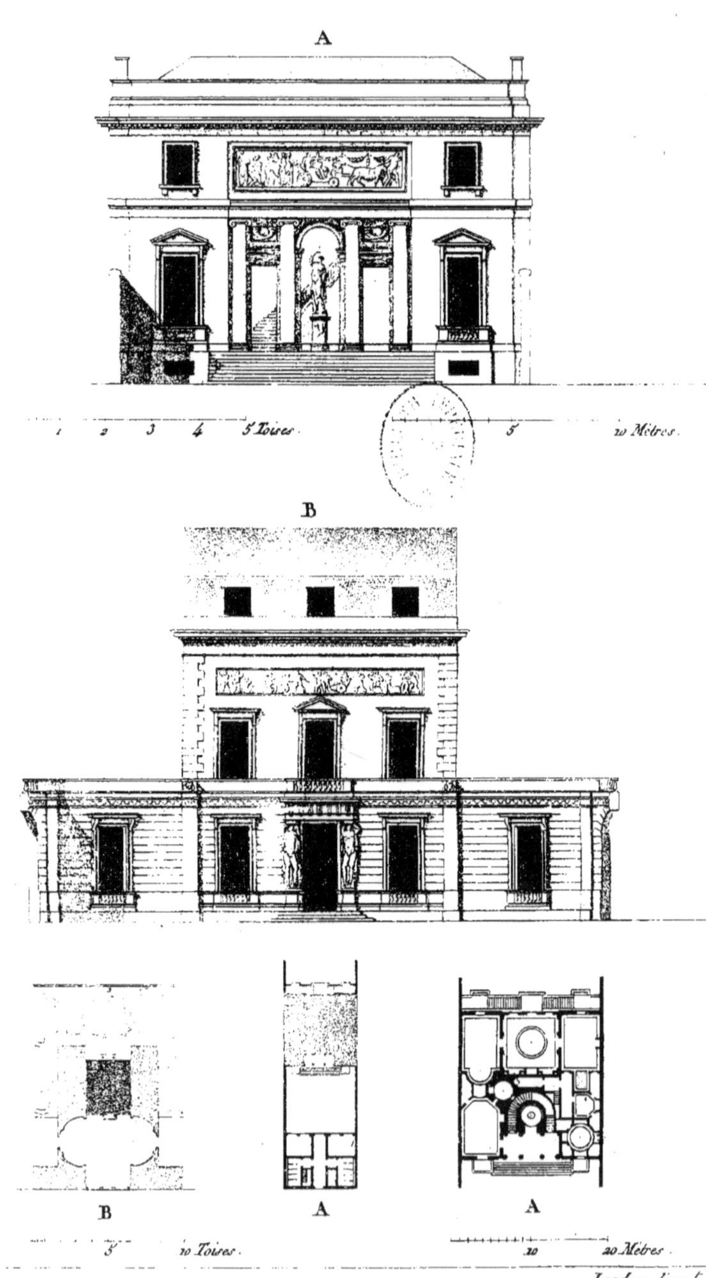

B   Plan général et élévation d'une maison Rue du Mont Parnasse.

MAISON CALLET,

(Rue du Mont-Parnasse.)

———

La première de ces deux maisons (fig. A), bâtie,
en 1777, par l'architecte dont elle a conservé le nom,
se compose d'un bâtiment sur la rue pour les remises
et les écuries, d'une cour plantée d'arbres, et d'un
principal corps-de-logis entre la cour et le jardin.

Les deux plans font connaître cette distribution,
qui est fort bien entendue, et qui procure dans un
petit espace tous les agréments du luxe et de la commodité.

Les deux faces du bâtiment sont d'une architecture
pure et correcte; celle du côté de l'entrée présente
trois entre-colonnements d'ordre ionique, au-dessus
desquels est un grand bas-relief. Dans le fond du
vestibule, l'escalier se développe avec grace autour
d'une statue qui reçoit d'en haut un jour vif et
brillant.

MAISON D'ORLIAN,

(Rue du Mont-Parnasse.)

La deuxième maison (fig. B) a été bâtie, en 1775, par M. Poyet. Elle offre de chaque côté de l'entrée deux petits bâtiments et deux basses-cours; une grande cour ovale, au fond de laquelle est le principal corps-de-logis isolé, et situé à-peu-près au milieu du jardin : il a de ce côté trois étages, deux seulement du côté du jardin, et trois croisées de face.

Les deux façades sont décorées au rez-de-chaussée de deux caryatides élevées sur leur piédestal, et portant un entablement dorique. Du côté de la cour, les croisées du premier étage sont ornées de chambranles et de corniches; celle du milieu est surmontée d'un fronton : au-dessus règne un grand bas-relief. Ce petit pavillon rappelle les élégants cazins de l'Italie, et prouve que l'architecte qui l'a élevé sait plier son talent sans le dénaturer. M. Poyet met de la noblesse et de la dignité dans toutes ses conceptions.

A. Plan et élévation de la maison Chevalier quai de Chaillot.

A

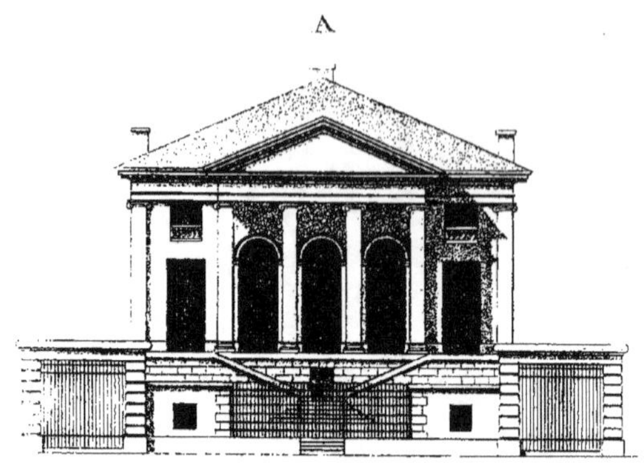

B. Plan et élévation de la maison Courman Rue de Suresne.

B

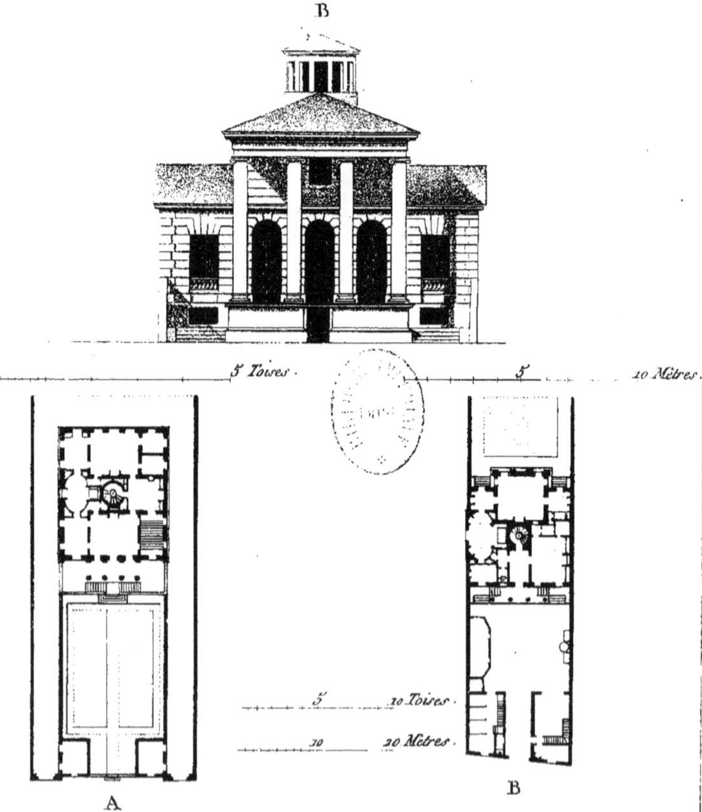

MAISON CHEVALIER,

(Quai de Chaillot.)

M. CHEVALIER, architecte, avait bâti cette maison (fig. A) pour son usage, en 1783; elle a, depuis, changé de propriétaire. Située sur le chemin de Versailles, près de la pompe à feu, elle est précédée d'un jardin, fermé par une grille : sur les côtés sont pratiquées deux longues allées pour la circulation des voitures : la cour est placée derrière la maison.

Le corps de bâtiment forme un pavillon isolé entre la cour, le jardin et les deux passages. Il est élevé de deux étages au-dessus du rez-de-chaussée ; la face antérieure est décorée d'un péristyle de quatre colonnes ioniques, formant un avant-corps, et ayant pour soubassement un perron, d'où l'on descend au jardin par une double rampe.

Un grand escalier conduit du rez-de-chaussée au premier étage, où l'on trouve une antichambre, une salle à manger, un salon, une chambre à coucher, et divers cabinets. Au centre de ces pièces est un second escalier circulaire, qui monte de fond en comble, et est éclairé par une lanterne.

MAISON COURMAN,

(Rue de Surène.)

La maison Courman (fig. B) a été construite par le même architecte, en 1789. Elle a tant de rapport avec celle dont nous venons de parler, soit pour la décoration extérieure, soit pour la distribution, qu'un nouvel examen est peu nécessaire.

On sent bien que, quelque variété que les architectes cherchent à mettre dans ces sortes de compositions, ils sont toujours circonscrits dans un cercle d'idées dont il ne leur est pas permis de franchir les bornes.

C'est donc du choix de l'ordonnance la plus convenable au sujet, de l'emploi des ornements accessoires et de la sculpture qui vient embellir les édifices que résulte cette diversité de décorations qui les distingue ; ces différences sont plus ou moins sensibles, mais l'homme de goût ou l'artiste expérimenté en jugent beaucoup mieux à l'inspection que d'après une description sèche, nécessairement monotone et toujours imparfaite.

TROIS MAISONS RÉUNIES,

(Rue Saint-Georges.)

——

CE bâtiment est élevé sur un terrain qui a peu de profondeur, en proportion de son étendue sur la rue, et c'est probablement par ce motif que l'architecte s'est déterminé à en faire trois maisons distinctes et séparées ; c'était aussi le meilleur parti à prendre pour en augmenter le produit. M. Bellanger les bâtit en 1788 ; il en était propriétaire ; il les a vendues depuis.

Leur distribution est symétrique ; celle du milieu a 9 toises de face. Le bâtiment est double en profondeur : de chaque côté de l'entrée, qui est au milieu, sont cinq pièces exactement semblables, et destinées aux mêmes usages, et de plus un escalier ; au fond de la cour est une fontaine ; de chaque côté sont deux petits bâtiments couverts en terrasse et peu élevés, pour les remises et les écuries ; au devant deux bassins, ornés de rocailles, tirent leurs eaux de la fontaine, et les distribuent en divers endroits de la maison. Ces deux petits bâtiments, les gradins ornés de fleurs qui les accompagnent, et deux jets d'eau, forment un ensemble bien dessiné, et présentent un aspect extrêmement agréable : on y reconnaît l'art et le goût avec lesquels M. Bellanger sait embellir toutes ses compositions.

Dans les deux autres maisons, qui ont à-peu-près la même profondeur, et 8 toises de face, la cour est circulaire et entourée de bâtiments. Elles sont l'une et l'autre distribuées de la même manière, et élevées, comme celle du milieu, de trois étages au-dessus du rez-de-chaussée : chacun de ces étages offre un appartement complet; les intérieurs sont décorés avec richesse et élégance.

Avec une réputation et des talents distingués, tels que ceux de M. Bellanger, il est sans doute permis de se livrer aux élans de son imagination et de hasarder quelquefois des compositions qu'on peut appeler *de fantaisie*, mais il serait dangereux pour de jeunes artistes de s'autoriser de l'exemple d'un maître habile pour faire de semblables essais; ils pourraient le copier et ne pas obtenir les mêmes succès. La décoration de la façade extérieure de ces trois maisons nous a suggéré cette observation; elle offre quelques licences qui, par l'abus qu'on en pourrait faire, dégénéreraient, sous un autre crayon que celui de M. Bellanger, en originalités bizarres, que réprouve un goût pur et sévère.

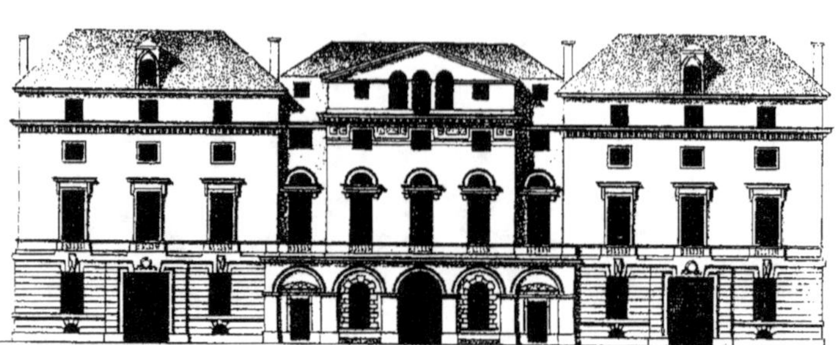

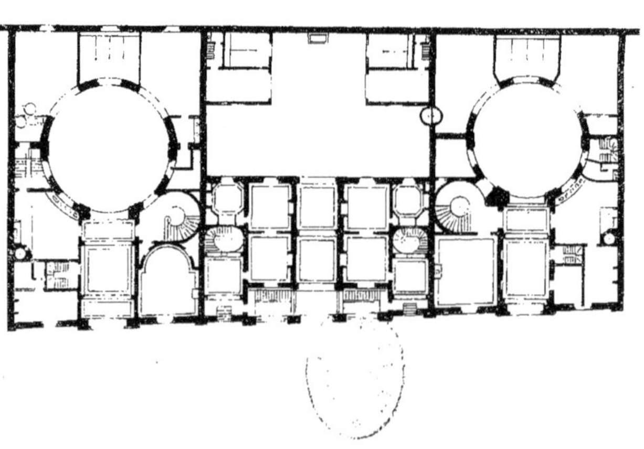

Plan et élévation de trois maisons réunies Rue St Georgc.

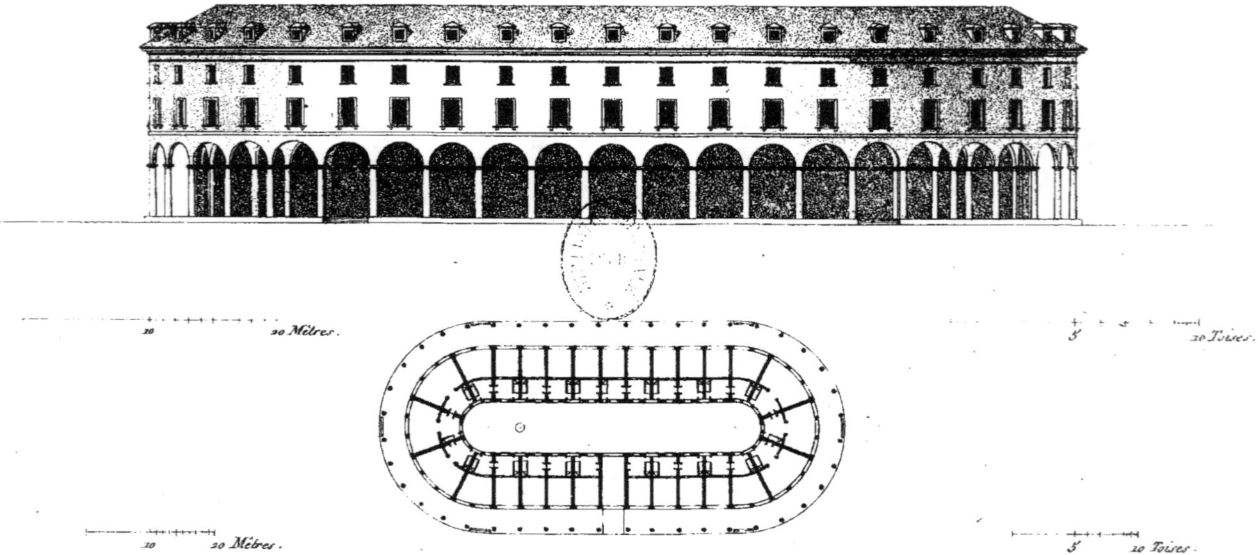

10
20 Mètres.
5
10 Toises.
10
20 Mètres.
5
10 Toises.

PORTIQUES DU TEMPLE.

Les Portiques du Temple, qui tirent leur nom de l'enclos où ils ont été construits, présentent un corps de bâtiment isolé, de 37 toises de longueur, terminé aux deux extrémités par deux parties circulaires; au milieu est une cour, longue de 33 toises sur 6 de largeur.

L'épaisseur du bâtiment est divisée en trois parties: l'une, à l'extérieur, forme une galerie de quarante-quatre arcades soutenues par des colonnes toscanes; les deux autres composent vingt-huit boutiques et arrière-boutiques, avec un entre-sol au-dessus : le rez-de-chaussée et les entre-sols sont compris dans la hauteur des arcades; au-dessus s'élèvent deux étages; un troisième est pratiqué dans le comble : tous sont distribués en petits logements.

On voit, par cette description, que l'édifice ne peut être rangé dans la classe des monuments publics, ni dans celle des hôtels. La spéculation seule en a conçu l'idée, pour augmenter le nombre de ces petits logements que tant de gens recherchaient lorsque l'enclos du Temple était un asile inviolable : néanmoins ce bâtiment porte un caractère de simplicité et de sévérité qui n'est pas dénué d'élégance et le fait remarquer avec intérêt. Cet édifice a été commencé en 1788, sous l'administration du bailli de Crussol, et il a été construit d'après les dessins de Pérard de Montreuil, architecte du grand Prieuré. Un ancien notaire de Paris avait spéculé sur cette entreprise; mais la révolution la rendit infructueuse. On conserve quelque souvenir d'un procédé mécanique employé pour scier les fûts des colonnes de cette rotonde : il s'exécutait au moyen d'une machine mise en mouvement par un cheval; mais la difficulté de conserver aux tambours leur renflement progressif fit abandonner cette invention, qui dut paraître ingénieuse au premier aspect.

10   20 Mètres.   5   10 Toises.

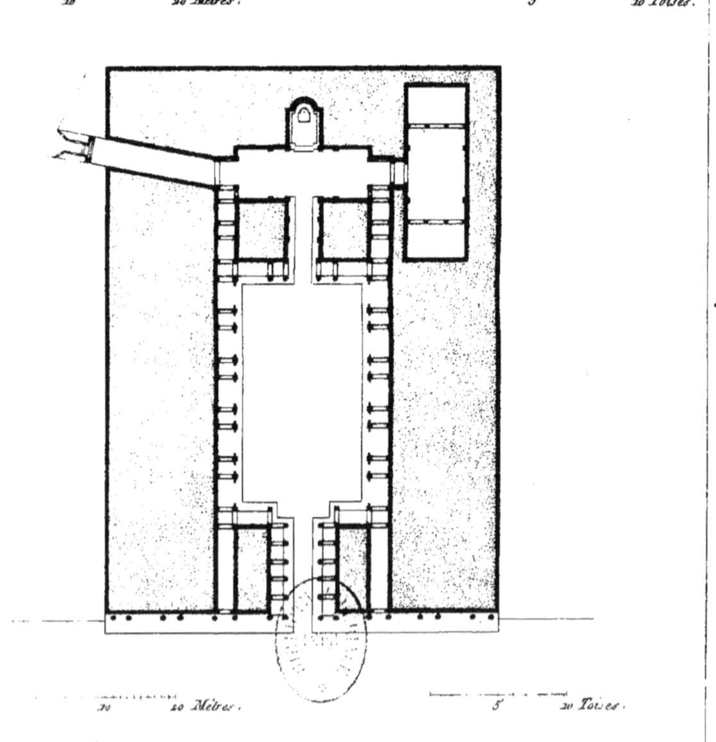

10   20 Mètres.   5   10 Toises.

Landon direx.

Plan et élévation de la maison Batave, Rue St. Denis.

MAISON BATAVE,

(Rue Saint-Denis.)

Le terrain sur lequel est élevé ce bâtiment appartenait dans l'origine à une confrérie connue sous le nom du Saint-Sépulcre; elle y possédait une église, un cloître, et diverses dépendances. Cette propriété, réunie au domaine national, fut acquise, en 1791, par une compagnie de négociants hollandais, qui firent démolir les anciennes constructions et élever, sur le même emplacement, plusieurs maisons de commerce contiguës d'après un plan régulier. Cet ensemble de bâtiments, au milieu desquels se trouve une cour en forme de parallélogramme, environnée de portiques en colonnes semblables à celui qui décore le soubassement de la façade principale, prit le nom de *Cour Batave,* et fut bientôt occupé par des marchands et des fabricants de toute espèce.

La façade, longue de 28 toises, donne sur la rue Saint-Denis; elle est décorée au rez-de-chaussée de sept arcades, séparées par de petits entre-colonnements d'ordre ionique : un seul balcon embrasse tout le premier étage.

La même ordonnance règne au-devant d'une galerie couverte au pourtour de la cour et sous le passage d'entrée. Au-dessus s'élèvent trois étages couronnés d'une corniche dorique et surmontés d'une mansarde.

La figure du dieu du Commerce est placée sur le sommet de la petite campanille où se trouve l'horloge. Au fond de la seconde cour est un grand bassin disposé pour une fontaine, au milieu duquel est assise la figure de l'Abondance, posée sur un piédestal. D'autres figures allégoriques, sculptées en bas-relief dans les arcades, et divers ornements répandus dans la frise du grand entablement, ajoutent à la décoration de l'édifice.

Peut-être ce vaste bâtiment n'a-t-il pas assez d'issues. Le corps-de-logis du fond semble trop élevé et trop resserré pour que l'air puisse circuler librement.

A droite de la seconde cour il y en a une troisième entourée de bâtiments formant des habitations particulières : on y remarque un genre de décoration neuf, agréable, et bien approprié à la destination de l'édifice.

Plusieurs circonstances ont empêché l'exécution complète du projet des négociants hollandais : les constructions dont nous donnons le plan et la façade ne sont point encore terminées, et pourtant elles ont coûté plus de 1,800,000 francs. Il serait à desirer que toutes les spéculations de ce genre produisissent un aussi bon effet pour l'embellissement de Paris. Les bâtiments de la Cour Batave ont été exécutés sur les dessins de Sobre et de M. Happe.

AUTRES ÉDIFICES PARTICULIERS.

Afin de terminer cette quatrième partie suivant l'ordre que nous avons adopté, nous allons jeter un coup d'œil rapide sur quelques habitations particulières bâties à différentes époques et dignes d'être remarquées. Il ne nous sera pas difficile de nous restreindre en faisant cette espèce de revue, car, malgré l'apparente variété de ses édifices, Paris est peut-être la ville qui offre le plus d'uniformité dans les demeures des citoyens. Chacun dédaigne des appartements dont la distribution paraît surannée, et veut être logé suivant le goût le plus moderne. La légèreté des constructions favorise cet amour excessif du changement, et il est si facile de le satisfaire, qu'il reste aujourd'hui bien peu de ces vieux manoirs, monuments curieux des mœurs et des usages de nos ancêtres.

L'*Hôtel de la Reine Blanche*, rue du Foin-S.-Jacques, nº 18, est un des plus anciens que nous ayons à citer; c'est un édifice dont la construction paraît être du treizième siècle : il ne présente actuellement que des restes chétifs du luxe des temps où il a été bâti. Le nom qu'il porte ne prouve point que la mère de saint Louis l'ait habité. Pendant long-

temps le nom de Reine-Blanche a été donné aux
veuves de nos rois. On croit, avec plus de probabi-
lité, que cet hôtel a été la demeure d'Adam Fumée,
garde des sceaux de France : comme ce magistrat
mourut en 1494, on ne peut supposer que ce soit lui,
qui ait fait faire à l'entrée du vestibule une porte fort
joliment ajustée. Cette porte et quelques autres détails
appartiennent sans contredit à la renaissance des
arts, et peut-être datent-ils du temps de Guillaume
Budée, que l'on dit avoir aussi habité cet hôtel.

On voit, dans la rue des Bourdonnais, n° 11, un
curieux monument de l'architecture du quatorzième
siècle : c'est la *maison des Carneaux*, qui fut acquise,
en 1363, par le duc d'Orléans, frère du roi Jean. Il
faut, sans doute, attribuer à ce prince la construction
de ces tourelles élancées, de ces galeries à jour, où
toute l'élégance arabesque se déploie dans des ornements du travail le plus facile et du goût le plus fan-
tasque. Guy de la Trémoille, le chancelier du Bourg,
et le président de Bellièvre, ont ensuite habité cette
maison, qui porte aujourd'hui l'enseigne de *la Couronne d'Or*.

Sur une partie des ruines du palais des Thermes,
Jacques d'Amboise, abbé de Cluny, fit bâtir, en 1505,
l'hôtel qui a conservé le nom de cette abbaye. Le goût
de l'architecture n'avait pas encore pénétré en France
à cette époque, et l'*hôtel de Cluny* présente toute l'irrégularité qu'on retrouve dans la disposition des plus
beaux manoirs gothiques. Quelques détails de cet
édifice annoncent pourtant les efforts des construc-

teurs pour sortir de la routine, et l'on voit sur-tout avec plaisir une chapelle, dont la voûte, richement décorée, repose sur une seule colonne. Différentes statues ornaient les parois de cette chapelle ; elles ont été détruites, mais il en reste encore les niches, qui sont délicatement travaillées.

L'*hôtel de Sens*, rue du Figuier, n° 1, est aussi du commencement du seizième siècle. Tristan de Salazar, archevêque de Sens, le fit construire en remplacement d'un autre hôtel qui avait été cédé, par un de ses prédécesseurs, pour augmenter le palais des Tournelles. Une porte cochère accompagnée, suivant l'usage, d'une petite porte pour les gens de pied, des tourelles, des mâchecoulis, des créneaux, sont encore les nobles marques de la primitive destination de cet édifice, qui sert maintenant aux usages les plus vulgaires.

Nous ne citerons pas, comme bien remarquable, l'*hôtel de Jassaud*, rue des Prêtres-Saint-Paul. Il n'a rien à l'extérieur qui attire l'attention ; mais, au fond d'une cour, on voit une petite façade, décorée avec tout le goût des artistes de la renaissance. Les trumeaux des croisées présentent, au lieu de pilastres ou de colonnes, des caryatides sculptées à l'effet, quoique sans prétention.

Dans la rue des Rats, n° 14, *Colbert* occupait une modeste demeure, où l'on ne se douterait pas de trouver de la sculpture du plus grand style : cependant les façades intérieures de cette maison sont décorées de plusieurs bas-reliefs admirés des artistes, et généralement attribués par eux à Jean Goujon. Le mérite de ce maître nous dispense de tout éloge pour ces productions de son ciseau ; mais, comme on les connaît peu, nous en indiquerons les principaux sujets. Sur la face méridionale de la cour sont deux bas-reliefs : dans l'un, Cérès et la Paix debouts auprès de l'Abondance assise ; dans l'autre, un Philosophe s'entretient avec un de ses disciples. Au fond de la cour, on voit trois bas-reliefs : le principal représente Vulcain assis et forgeant un char ; à ses genoux est l'Amour ; plus loin, sont deux femmes, dont l'une porte un livre et l'autre un sceptre. Le second bas-relief se compose de trois figures de femmes, avec des attributs divers ; un enfant est à leurs pieds : le troisième offre la Muse de l'histoire, assise, et écrivant sous la dictée d'une femme, debout, ayant des ailes à la tête. La façade en retour est ornée de trois morceaux qui appartiennent au même sujet : dans celui du milieu, Apollon est représenté assis et entouré de six Muses ; les trois autres Muses sont sculptées dans le bas-relief qui est à gauche ; et, dans celui qui est à droite, l'artiste a figuré Homère et Virgile.

L'*hôtel de Sully*, rue Saint-Antoine, n° 143, près de la place Royale, est un ouvrage de Ducerceau : les noms du ministre et de l'artiste suffisent pour piquer la curiosité. Cet édifice était fort important, et conserve quelques restes de sa première splendeur, malgré les restaurations modernes qui l'ont défiguré.

Dans la même rue Saint-Antoine, au n° 62, on voit ou plutôt on cherche l'*hôtel de Beauvais* : il avait l'apparence d'un palais; il ressemble à cette heure à une maison bourgeoise. Cependant la cour, et quelques parties de l'intérieur, se recommandent encore par une magnificence, digne des temps de Louis XIV; c'est Le Pautre qui a été l'ordonnateur de cet hôtel, et il s'est tiré fort adroitement des difficultés que lui présentait l'irrégularité du terrain.

Une recherche extrême dans les distributions intérieures caractérise tout ce qui a été bâti sous Louis XV; mais on n'y trouve ni variété, ni originalité, et nous nous abstenons, après le palais de l'Élysée-Bourbon, déja décrit, de citer aucun de ces hôtels fastueux, qui se ressemblent tous par leur ordonnance commune et monotone.

Nous indiquons, dans la rue du Gros-Chenet, n° 4, la *Maison Le Brun*, construite par Raymond, il y a une trentaine d'années. La façade en est simple, mais la cour est décorée avec quelque richesse. Elle est ronde, et le mur de terrasse qui est en face du vestibule offre des niches, dans lesquelles sont placées des statues antiques : de grands arbres qui s'élèvent au-dessus terminent cette décoration dont il est impossible de ne pas remarquer le charmant effet. Une galerie, arrangée pour exposer des tableaux précieux, n'est point indigne de cette destination; elle est ornée fort convenablement, et même avec une sorte de luxe.

Quoique les *Façades de la rue de Rivoli* aient un caractère monumental, cependant nous les classons ici, parcequ'elles appartiennent à des bâtiments d'habitation. Il n'était pas aisé de concilier l'économie requise pour des maisons particulières avec l'apparat qu'exigeait le voisinage des Tuileries. MM. Percier et Fontaine ont résolu ce problême, et l'on retrouve dans ces Façades le talent accoutumé de ces deux architectes.

On pourrait s'étonner si nous gardions le silence sur l'*Hôtel des affaires étrangères*. Celui que le ministre de ce département occupe actuellement, dans la rue du Bacq, n'est point une propriété de l'État : il appartient aux héritiers du marquis de Galifet, qui le fit construire sur les dessins de Legrand, architecte des Économats. Les événemens de 1788 empêchèrent de terminer cet hôtel, commencé trois ans auparavant; mais M. de Talleyrand, sous son premier ministère, y fit plusieurs améliorations, sur-tout dans l'intérieur. Après avoir circulé dans le grand appartement, on remarque avec autant de plaisir que de surprise une belle galerie précédée d'un vaste salon, dont elle n'est séparée que par des colonnes corinthiennes. Cette addition importante a été faite d'après les dessins et sous la direction de Renard, architecte d'un rare mérite, trop tôt enlevé aux arts, qu'il cultiva toute sa vie avec la plus grande distinction.

Quoique cet hôtel soit assez vaste et s'annonce au-dehors par un luxe d'architecture peut-être exagéré, il ne suffit pas au département des affaires étrangères, et le ministre y est logé d'une manière fort incommode. Ces considérations, jointes à l'inconvenance de tenir un hôtel à loyer, ont fait ordonner l'exécution d'un palais magnifique, qui s'élève aujourd'hui sur le quai d'Orçay, entre les rues de Bourbon, de Belle-Chasse, et de Poitiers.

L'entrée du nouvel *Hôtel des affaires étrangères* sera formée, sur la rue de Bourbon, par un portique en arcades qui embrassera toute la largeur de la cour principale, et se liera avec d'autres portiques dont cette cour sera entourée. A droite et à gauche, des cours de service donneront un dégagement commode sur les rues de Belle-Chasse et de Poitiers. La disposition et la distribution du plan sont combinées de manière que les voitures puissent arriver, d'une manière grande et facile, jusqu'au pied des escaliers qui conduiront chez le ministre et aux différentes divisions du ministère.

La façade d'entrée, sur la rue de Bourbon, est longue de 115 mètres; elle se compose de deux avant-corps saillant sur la partie du milieu occupée par le portique ouvert dont il vient d'être parlé.

Du côté du quai, la façade présente un avant-corps de 90 mètres, et deux arrière-corps reculés de 20 mètres. Dans cet avant-corps seront, au rez-de-chaussée, les cabinets de travail et un vaste appartement de réception; au premier étage, le logement du ministre et de sa famille.

Les deux parties en arrière-corps semblent avoir été conçues pour tenir éloignées, et en quelque sorte isolées, toutes les pièces destinées à la représentation, aux cabinets et bureaux particuliers du ministre, ainsi qu'à son logement.

Quant au caractère que doit avoir cet édifice, l'architecte semble s'être principalement appliqué à rappeler celui des grands et somptueux palais de Rome moderne, tant dans la marche du plan, que dans la décoration des élévations extérieures et intérieures.

Ses façades auront la même hauteur dans tout son pourtour et seront couronnées du même entablement : elles seront décorées de deux ordres d'architecture disposées à-peu-près comme les deux premiers de la cour du palais Farnèze à Rome, de sorte qu'il y aura dans leur caractère harmonie et unité.

Le souvenir des dessins qui ont été exposés au Louvre, et l'inspection de ce qui est présentement exécuté, nous ont permis d'entrer dans quelques détails sur cette belle production de M. Bonnard : les talents de cet habile architecte étaient déja connus ; mais c'est la première fois qu'ils se développent dans un édifice aussi important, et le public se plaît à les applaudir. Nul doute que, par la masse imposante de ses élévations, ce palais ne décore d'une manière remarquable un des plus beaux quartiers de Paris, et qu'il ne concoure puissamment à donner aux étrangers une haute idée de l'état des arts en France au commencement du dix-neuvième siècle.

FIN DE LA QUATRIÈME ET DERNIÈRE PARTIE.

FIN DE LA TABLE DE LA QUATRIÈME PARTIE.

TABLE DES ARTISTES

N. B. Les chiffres romains indiquent les tomes, et les chiffres arabes les pages. Les lettres *p. s. a.*, placées après les noms propres, signifient *peintre, sculpteur* ou *architecte.*

A.

B.

C.

D.

J.

L.

M.

N. O.

P.

Q.

R.

S.

T.

V.

FIN DE LA TABLE DES ARTISTES.